Beitrag

zur

Lehre von der Prokura.

Von

Dr. jur. Friedrich Schneider.

München.
J. Schweitzer Verlag (Jos. Eichbichler).
1896.

Seinen lieben Eltern

in

dankbarer Verehrung gewidmet

vom Verfasser.

Inhalt.

Einleitung.

§ 1.

Unserem deutschen Handelsgesetzbuche gebührt das Verdienst, den Begriff der „Prokura“, einen Begriff kaufmännischer Stellvertretung, der bereits zu der Zeit, da unser deutsches H.G.B. noch nicht in Geltung war, eine generelle, regelmässig den ganzen Handelsbetrieb umfassende, kaufmännische Vollmacht bezeichnete, dergestalt, dass die Bezeichnung „Prokurist“ auch wechselte mit anderen wie Faktor, Disponent u. s. w., absolut festgestellt zu haben. Die Vollmacht des Prokuristen übertrifft deshalb die des einfachen Geschäftsleiters bei weitem; sie ist nicht auf Massregeln beschränkt, die gerade zu dem konkreten Geschäfte des Vollmachtgebers gehören, sondern umfasst alle Geschäfte, die sich überhaupt im Betriebe eines Handelsgewerbes vorfinden. Den Ausdruck „Faktor“ [1]) zur Bezeichnung kaufmännischer Stellvertretung kennt unser deutsches H.G.B. nicht.

---

[1]) Aus dem Begriffe des „institor“ hat sich der des „factor“ entwickelt, ein Begriff, der den gesamten Umfang des römischrechtlichen Begriffes des kaufmännischen institor ausdrückt. Vgl. fr. 5 pr. bis § 10, fr. 18 de inst. act. 14. 3. Thöl: Handelsrecht I §§ 20 — 33 (Lehre vom Institor).

Dagegen spricht der Entwurf eines H.G.B. für die preussischen[1]) Staaten in seinem 6. Titel von den Faktoren. Darnach ist Faktor, wer von dem Eigentümer einer Handelsniederlassung den Auftrag erhält, in dessen Namen und für dessen Rechnung das Handelsgeschäft zu betreiben. (Art. 39 des Entw. eines H.G.B. für die preuss. Staaten.) In erster Lesung des Entwurfes eines allgemeinen deutschen H.G.B. wurde, obgleich man dem Prokuristen eine andere Stellung gegeben hatte, als dem Faktor des preussischen Entwurfes, doch erstgenannte Begriffsbestimmung beibehalten und nur der Ausdruck „Faktor“ mit der Bezeichnung: „Prokurist“ vertauscht. (Prot. S. 951.) Aber auch bei dieser Fassung erschien es nicht immer genügend erkennbar, wann die Voraussetzungen der Bestimmung des Artikel 41 als vorhanden anzunehmen seien. Es wurde daher in dritter

---

[1]) In der Nürnberger Kommissionssitzung vom 4. Februar 1857 brachte der Abgeordnete der k. k. österreichischen Regierung, Herr Dr. Schindler, einen Antrag an, welche in Beilage A (Prot. S. 79) beigedruckt ist. Zur Begründung desselben brachte er im wesentlichen unter andern Folgendes vor: „Der preussische Entwurf habe, wie die Motive zu demselben sagten, in der Absicht, den gesamten Umfang des römisch-rechtlichen Begriffes des kaufmännischen Institor auszudrücken, die Bezeichnung „Faktor“ gewählt, ohne sich zu verhehlen, dass es schwer sei, einen für den erwähnten Begriff allerwärts gangbaren Namen zu finden. Nun sei in der That der Name Faktor in den österreichischen Landen zur Bezeichnung des kaufmännischen Institor nicht gebräuchlich, bedeute vielmehr dort nicht selten etwas ganz Anderes. Ferner brachte er vor, es werde im österreichischen Entwurfe der Institor, welcher als Alter-Ego des Prinzipals in allen seinen Handlungsgeschäften an dessen Stelle trete, welcher im Sinne des § 125 des österreichischen Entwurfs zur beständigen Führung der Firma bestimmt sei, unterschieden von dem, welcher nur in Stellvertretung des gewöhnlichen Firmaführers die Prokura, d. h. die Vollmacht habe, statt des Prinzipals in bindender Weise das Handlungsgeschäft betreffende Urkunden, Handlungsbriefe, Verträge, Quittungen etc. zu unterzeichnen.“ (Vgl. Prot. 71 — 79.)

Lesung von den Abgeordneten von Baden (entsprechend einem Gutachten Goldschmidts[1]) beantragt, an Stelle des ersten Absatzes des Art. 41 des Entwurfes eines allgemeinen deutschen H.G.B. folgende Bestimmung treten zu lassen: „Wer von dem Eigentümer einer Handelsniederlassung (Prinzipal) eine ausdrücklich als Prokura bezeichnete Vollmacht erhält oder ausdrücklich als Prokurist bezeichnet oder ermächtigt wird, per procura die Firma des Prinzipals zu zeichnen, ist Prokurist.“ Dieser Antrag wurde angenommen, die Bestimmung jedoch nicht an Stelle des ersten Absatzes, sondern neben demselben aufgenommen. (Prot. S. 4630 f.).

§ 2.

Unser deutsches H.G.B. unterscheidet[2]) zwischen dem Prokuristen und dem Handlungsbevollmächtigten. Was die Prokura, die ein wesentlich kaufmännisches Institut ist, betrifft, so galt es, eine Mandatsform herzustellen, welche unbeschränkt zur Vertretung des Prinzipals ermächtigt, im Gegensatze zu der einfachen Handlungsvollmacht, deren Umfang sich lediglich nach dem Inhalte des Vertrages richtet. Ein unbeschränkter Auftrag in dem Sinne, dass Dritten eine Sicherheit geboten ist, durch die Handlungen des Beauftragten in unmittelbare Beziehungen zu dem Auftraggeber zu treten, ist auch in wirtschaftlicher Richtung geboten und den Bedürfnissen des modernen Verkehrs durchaus entsprechend. Auch trägt es wesentlich zur Erhöhung der

---

[1]) Vgl. Goldschmidt: Gutachten über den Entwurf eines deutschen H.G.B. S. 36; vgl. auch von Hahn: Commentar zum allgemeinen deutschen H.G.B. I. 2. Aufl. S. 161.

[2]) Dieselbe Unterscheidung haben auch der Entwurf eines österreichischen Handelsrechtes, sowohl der ministerielle (Min.-Entw. Von den Handlungsbediensteten §§ 115 — 129), als auch der revidierte Entwurf (Rev. Entw. Von den Handlungsbediensteten §§ 124 — 131).

Rechtssicherheit bei, wenn das Publikum weiss, dass jedes mit dem Prokuristen abgeschlossene Geschäft dieselbe rechtliche Wirkung hat, als sei es mit dem Prinzipal selbst abgeschlossen. In der unbedingten Wirkung im Verhältnis zu Dritten liegt die Eigentümlichkeit und die Bedeutung der Prokura.

§ 3.

Von fremdländischen Handelskodifikationen seien hier einige herausgegriffen: Das französische Handelsgesetzbuch, der Code de Commerce, kennt den Begriff des Prokuristen nicht. Er spricht nur in Art. 634[1]) C. d. C. von Klagen gegen die Faktoren, Commis oder Diener der Kaufleute. Das holländische Handelsgesetzbuch, das Wetboek van Koophandel,[2])

---

[1]) Art. 634 C. d. C.: „Les tribunaux de commerce connaîtront également, — 1) Des actions contre les facteurs, commis des marchands ou leurs serviteurs, pour le fait seulement du trafic du marchand, auquel ils sont attachés; — 2) Des billets faits par les receveurs, payeurs, percepteurs ou autres comptables des deniers publics.“ Die deutsche Übersetzung lautet: „Die Handelsgerichte erkennen ebenfalls: 1) „Über Klagen gegen die Faktoren, Commis oder Diener der Kaufleute, welche bloss den Handel des Kaufmannes, in dessen Dienste sie stehen, betreffen; 2) Über die von Empfängern, Zahlmeistern, Einnehmern oder anderen Personen, die über öffentliche Gelder Rechnung zu legen haben, ausgestellten Billets.“

[2]) Das W. v. K. Met Aanteekeningen van Mrs. C. D. Asser, W. E. J. Berg van Dussen Muilkerk, M. H. Godefroi, J. W. Tydeman en Jeronimo de Vries, Jzn. Tweede Druk. Amsterdam, Johannes Müller 1873, unter „factoors“ zu Art. 4 S. 7 spricht sicht hierüber folgendermassen aus: „ = factoors. Jets anders dan het Fransche facteurs in art. 634 C. d. C. Men heeft b. v. Koorn-factoors, die zich met het zolderen, bewaren, opslaan, doen verschieten der granen belasten; vgl. art. 11. Het Algemeene Duitsche Handelswetboek bevat eenen bijzonderen titel over de Prokuristen en Handlungsbevollmächtigten, waaronder verstaan worden procuratiehouders, commerciële institores, eene betrekking bij ons geregeld door de bepalingen van het burgerlijk

überlässt die Regelung der Rechtsverhältnisse der Prokuristen und Handlungsbevollmächtigten dem bürgerlichen Rechte. Das spanische Handelsgesetzbuch, der Codigo del comercio, welches im wesentlichen auf der Grundlage des französischen H.G.B., des Code de Commerce beruht, daneben aber auch die spanische Praxis und die Ordenanzas da Bilbao berücksichtigt, hat über den Begriff „Prokurist“ keine Bestimmungen getroffen; dagegen spricht es von einem Faktor als dem Bevollmächtigten des Kaufmanns und zwar im 3. Titel[1]) des genannten Codigo del comercio.

---

regt omtrent lastgeving en huur van diensten. Datzelfde wetboek houdt ook bijzondere bepalingen in omtrent de Handlungsgehilfen, in art. 4 n°. 9 genoemd, maar wier regten en verpligtingen bij ons in het Burgerlijk Wetboek geregeld zijn.“ — Die Übersetzung ins Deutsche lautet: factoors. Es ist etwas anderes als die französischen facteurs in Art. 634 C. d. C. Man hat bei uns Kornfactors, die sich mit dem Aufbewahren und Versenden beschäftigen; vgl. Art. 11. Das allgemeine deutsche Handelsgesetzbuch enthält einen besonderen Titel über die Prokuristen und Handlungsbevollmächtigten, worunter zu verstehen sind Prokurahalter, kommerzielle institores, eine Sache, die bei uns geregelt ist durch die Bestimmungen des bürgerlichen Rechtes in Betreff Inanspruchnahme und Miete von Diensten. Dasselbe Gesetzbuch enthält auch besondere Bestimmungen in Betreff der Handlungsgehilfen, die in Art. 4 N. 9 (W. v. K. S. 5) genannt sind. Deren Rechte und Verpflichtungen sind bei uns im bürgerlichen Gesetzbuch geregelt.

[1]) Vgl. Codigo del Comercio Titel III. Von dem zum Handel gehörenden Hilfspersonal und dessen respektiven Pflichten: Mäkler, Kommissionäre, Handlungsgehilfen und Güterverfrachter (Art. 62 bis Art. 233).

I. Begriff und Merkmale des Prokuraverhältnisses.

§ 1.

Zur Zeit[1]) da unser deutsches H.G.B. noch nicht in Geltung war, herrschte, wie bereits berührt, der Zustand, dass man Prokuristen alle diejenigen nannte, welche vom Prinzipal zur Leitung des Geschäftes, also mit umfassender, auf den Betrieb des Geschäftes ohne Unterschied gerichteter Vollmacht angestellt waren, so dass die Bezeichnung „Prokurist" auch wechselte mit anderen, wie Faktor, Disponent u. s. w.

Das deutsche H.G.B. hat hierin eine wesentliche Änderung herbeigeführt. Danach ist die Prokura etwas formell Besonderes, welches sich von sonstiger Gewerbs- und Geschäftsleitung wohl unterscheidet. Es kann jemand ohne Erteilung der Prokura zum Betriebe eines ganzen Handelsgewerbes bestellt sein, was aus einer Vergleichung der Art. 41 u. 47 des H.G.B. hervorgeht.

Prokurist ist derjenige, welcher unbeschränkt und unbeschränkbar zur Vertretung des Kaufmanns und zur Firmenzeichnung ermächtigt wird. Das Wort „Unbeschränkt" hat hier die Bedeutung, dass der Inhalt der Vollmacht gesetzlich absolut festgestellt ist im Gegensatze zur Vollmacht des Handlungsbevollmächtigten, welche nicht absolut, d. h. durch das Gesetz festgestellt ist, sondern dispositiv ist. Es hat hier der Satz uneingeschränkte Geltung, dass die Befugnisse des Handlungsbevollmächtigten immer nur soweit reichen, als sie durch die Willkür des Prinzipals gewährt worden sind. Der Handlungsbevollmächtigte hat niemals gesetzlich

---

[1]) S. Einleitung.

festgestellte Befugnisse. Das H.G.B. hat auch nur Interpretationsregeln[1]), welche Fingerzeige für die voluntatis interpretatio erteilen, keineswegs aber Rechtsregeln über den Umfang der Handlungsvollmachten.

Eine Definition der Prokura gibt Art. 41 H.G.B. Jene Definition leidet indes an einem Mangel, da sie den Auftrag statt der Vollmacht zum Merkmal der Prokura macht. Auch gehört es nicht zum Begriff des Prokuristen, dass er beauftragt ist, für Rechnung des Prinzipals zu handeln. Man kann sehr wohl zum Prokuristen in rem suam bestellt sein.[2])

---

[1]) Vgl. Wendt in Endemanns Handbuch des deutschen Handels-, See- und Wechselrechts I. § 71. Die Handlungsbevollmächtigung S. 289.

[2]) Eine eigene Art der Prokura ist nach einigen Rechten die sog. Stralzierungsprokura. Stralzierung bedeutet Auseinandersetzung bei Auflösung einer Gesellschaft. Der revidierte Entwurf eines österreichischen Handelsrechtes handelt in den §§ 96 und 125 von der Stralzierungsprokura. § 96 gen. Entw. hat folgenden Wortlaut: „Bei Auflösung einer Handelsgesellschaft sind zur Auseinandersetzung des Vermögens (Stralzierung) einer oder mehrere Bevollmächtigte zu bestellen und die ihnen dazu übertragene Vollmacht und Firma ist bei dem Handelsgerichte zu protokollieren. Insofern in dem Gesellschaftsvertrage nichts Anderes bestimmt ist, sind die Firmaführer als zur Stralzierung berechtigt anzusehen. Diese Vollmacht schliesst, wenn nichts Anderes bestimmt ist, das Recht in sich, die hangenden Geschäfte zu beendigen, die Verpflichtungen der Gesellschaft zu erfüllen, die Forderungen derselben einzubringen, Vergleiche zu schliessen, Schiedsrichter zu wählen und das bewegliche Vermögen zu veräussern. Handelt es sich darum, andere Bevollmächtigte zu bestellen als diejenigen, die aus dem Gesellschaftsvertrage ihre Berechtigung ableiten, so hat im Falle eines Streites das Gericht zu entscheiden, wer als Bevollmächtigter zu betrachten sei. — Die Teilung des Vermögens hat überdies nach den Vorschriften des allgemeinen bürgerlichen Gesetz-Buches zu geschehen. — Die Bücher aber und Papiere des Geschäftsbetriebes der aufgelösten Gesellschaft sind von demjenigen aufzubewahren, den die Mehrheit oder das Handelsgericht hiezu bestimmt. Den übrigen Gesellschaftern steht jedoch zu, die Bücher einzusehen und sich hievon Abschriften zu nehmen."

Der Prokurist, der nach früherem Rechte mit dem Faktor, Disponenten oder sonstigen generellen Handlungsbevollmächtigten auf einer Stufe stand, unterschied sich jedoch von dem Handlungsvorstand, Verwalter oder Repräsentant dadurch, dass jede im Betriebe eines Handelsgewerbes erteilte generelle Vollmacht den Namen „Prokura" erhielt, während die letztgenannten Be-

---

§ 125 cit. Entw. lautet: „Protokollierte Handelsleute, welche die Führung ihrer Firma zur Verwaltung oder Stralzierung der Handlung einem Bestellten übertragen, haben dieses dem Handelsgerichte unter Vorlage der eigenen Unterzeichnungsart desselben anzuzeigen. Ist der Bestellte nicht zur beständigen Führung der Firma, sondern zur Stellvertretung des gewöhnlichen Firmaführers bestimmt, so muss seine Unterzeichnung nicht nur die Firma der Handlung enthalten, sondern der Firma muss auch sein eigener Name auf eine solche Weise beigefügt werden, dass daraus seine Eigenschaft als die eines Bevollmächtigten erhellt (per procura)".

Die in der Stralzierungsprokura enthaltene Vollmacht besteht also darin, die hangenden Geschäfte zu beendigen, die Verpflichtungen der Gesellschaft zu erfüllen, die Forderungen derselben einzubringen, Vergleiche zu schliessen, Schiedsrichter zu wählen und das bewegliche Vermögen zu veräussern. Voraussetzung ist freilich dabei immer die Auflösung einer Handelsgesellschaft zur Auseinandersetzung des Vermögens, sog. Stralzierung. Über die Zulässigkeit einer Kollektiv-Stralzierungsprokura spricht sich § 96 des cit. Entw. unzweideutig aus, wenn er sagt, dass im Falle einer Stralzierung einer oder mehrere Bevollmächtigte zu bestellen und die ihnen dazu übertragene Vollmacht und Firma bei dem Handelsgerichte zu protokollieren sind. — Unserem deutschen H.G.B. ist die Stralzierungsprokura nicht bekannt und weist dasselbe den Liquidatoren dieselbe Stellung zu, wie den Stralzierungsprokuristen des cit. österreichischen Entwurfes. Auch Erstere haben die laufenden Geschäfte einer aufgelösten Handelsgesellschaft zu beendigen, ihre Verpflichtungen zu erfüllen, die Forderungen einzuziehen und das bewegliche Vermögen der Gesellschaft zu versilbern. Sie haben ferner die Gesellschaft gerichtlich und aussergerichtlich zu vertreten, sie können für dieselbe Vergleiche schliessen und Kompromisse eingehen. (Vgl. H.G.B. § 137.) Wie der cit. Entw. des österr. Handelsrechtes, so lässt auch das H.G.B. § 136 Kollektiv-Liquidatoren zu.

zeichnungen sich auf die mit der Leitung des Unternehmens betrauten Personen beziehen.

Nach früherem Rechte war der Hauptfall der für eine bestimmte Art von Geschäften erteilten Prokura die Wechselprokura.

Wie bei jeder Stellvertretung, so sind auch bei der Stellvertretung des Prinzipals durch einen Prokuristen der Auftrag und die Vollmacht streng zu unterscheiden. Der Auftrag stellt sich dar als das interne Verhältnis zwischen Vertreter und Vertretenen, welchem die Vollmacht ihren Ursprung verdankt. Die Vollmacht erscheint als die äussere, repräsentative, Dritten gegenüber in die Erscheinung tretende Seite des Auftrags, die Legitimation. Es ist nicht notwendig, dass beide sich decken. Die Vollmacht kann selbst kraft gesetzlicher Vorschrift über den einfachen Auftrag hinausgehen. Dies ist z. B. dann der Fall, wenn dem Prokuristen für seine Geschäftsführung bestimmte Instruktionen erteilt werden. Diese Instruktionen berühren das äussere Verhältnis nicht; sie sind vielmehr nur gegenüber dem Prinzipal und dem Prokuristen von Bedeutung.

§ 5.

Dass der Prokurist „unbeschränkbar“ zur Vertretung des Geschäftsherrn und zur Firmenzeichnung befugt ist, hat die Bedeutung, dass eine Einschränkung der gesetzlichen Vollmacht des Prokuristen dritten Personen gegenüber unwirksam ist, nicht aber dem Prinzipal gegenüber.

Zweifellos haben wir den Prokuristen als eine Art Handlungsbevollmächtigten aufzufassen. Das Wort „Handlungsbevollmächtigter“ hat jedoch im Gegensatze zum Prokuristen eine engere Bedeutung, was ja schon aus der Überschrift des Titels V[1]) des H.G.B. hervor-

[1]) In der Kommission zur Beratung eines allgem. deutschen H.G.B. zu Nürnberg und zwar in der Sitzung vom 7. Oktober 1857

geht, welche lautet: „Von den Prokuristen und Handlungsbevollmächtigten".

Der Prokurist ist ermächtigt zu allen Geschäften, welche der Betrieb irgend eines Handelsgewerbes mit sich bringt.

Wir begegnen der Prokura nicht nur in der Anwendung auf gewöhnliche Geschäfte, sondern selbst auch auf die ungewöhnlichsten Handlungen[1]), wie z. B. Warenankäufe im Werte von Millionen, Stellung von Strafanträgen wegen Verleumdung des Geschäftes.

Das äussere Merkmal der Stellung des Prokuristen besteht darin, dass er die Firma des Prinzipals mit einem das Prokuraverhältnis andeutenden Zusatze zeichnet. (Art. 44 H.G.B.) Eine nähere Darstellung bezüglich der Firma findet sich unter IV.

§ 6.

Die Frage, wer Prokura mit voller Wirkung erteilen könne, findet ihre Beantwortung darin, dass nur Kaufleute im engeren Sinne (Art. 4 — 6 H.G.B.), sog. Vollkaufleute dazu berechtigt sind. Den Minderkaufleuten ist die Berechtigung hiezu versagt. Hat ein Minderkaufmann gleichwohl eine Prokura erteilt, so ist sie als solche nicht gültig. Man wird aber eine unter solchen erteilte Prokura in der Regel als Handlungsvollmacht zum Betriebe des ganzen Handelsgewerbes anzusehen haben. Indes ist diese Meinung nicht un-

---

wurde zur Überschrift des Titels V von einem Mitgliede bemerkt, dass nach „Prokuristen und" einzuschalten sei „den übrigen" und zwar in Gemässheit eines Beschlusses in der Sitzung vom 6. Februar 1857. (Prot. S. 94.) Die Einschaltung wurde jedoch mit 13 gegen 3 Stimmen abgelehnt, weil hier die Rücksicht massgebend sei, dass schon in der Überschrift des Titels angedeutet werden solle, dass im Gesetzbuche zwischen dem Prokuristen und dem Handlungsbevollmächtigten ein Unterschied bestehe.

[1]) Vgl. Cosak: Lehrbuch des Handelsrechts, S. 76.

bestritten.[1]) Übrigens kann nicht jeder von einem Vollkaufmann zum Prokuristen bestellt werden. Das Erfordernis, bezw. die Voraussetzung einer Bestellung zum Prokuristen ist die Handlungsfähigkeit der Person, die zum Prokuristen bestellt werden soll.

Wer keine Handlungsfähigkeit besitzt, kann also nicht zum Prokuristen bestellt werden. Ein weiteres Postulat als das der Handlungsfähigkeit wird nicht erfordert. Namentlich ist die Verpflichtungsfähigkeit nicht notwendig. Der Prokurist kann im übrigen minderjährig, gewaltunterworfen, Kaufmann oder Nichtkaufmann, weiblichen Geschlechts sein. Der Prokurist kann selbst Handlungsgehilfe sein; er muss es jedoch nicht sein. Dass ein Verwandter oder selbst die Gattin des Geschäftsherrn Prokurist sein kann, ist durchaus möglich. (Vgl. R.O.H.G. XVI. S. 290.) — Es ergibt sich aus dem Begriffe der Prokura, dass der Geschäftsherr und der Prokurist verschiedene Personen sein müssen. In gleicher Weise, wie die zum Prokuristen bestellte Person, muss auch der Geschäftsherr bei Erteilung der Prokura handlungsfähig sein. Fehlt die Handlungsfähigkeit auf Seite des Geschäftsherrn, so muss eine Ergänzung, bezw. eine geeignete Vertretung stattfinden.

§ 7.

Die Frage, ob ein von der Vertretung ausgeschlossener Gesellschafter zum Prokuristen der Gesellschaft bestellt werden kann, ist zu bejahen.[2])

Doch hat auch die Meinung, dass einer der nicht geschäftsführenden Sozien nicht zum Prokuristen der

---

[1]) Nach Thöl S 204 ist durch das Erteilen einer Prokura seitens eines Minderkaufmanns die betreffende Person zwar ein gewollter, aber ungiltig bestellter Prokurist und der Prokurist nicht als ein Handlungsbevollmächtigter zu behandeln, sondern als ohne alle Vollmacht anzusehen.

[2]) Vgl. Behrend, Handelsrecht I. S. 513.

Gesellschaft bestellt werden könne, ihre Vertretung[1]) gefunden.

Ist nun das von der Vertretung ausgeschlossene Mitglied einer offenen Handelsgesellschaft Prokurist, dann vertritt es die zur Gesellschaft vereinigten Gesellschafter in ihren gemeinsamen Rechtsbeziehungen. Ein Widerspruch ist in dem Falle nicht vorhanden, wenn ein Sozius, der auf der einen Seite als Gesellschafter von der Vertretung ausgeschlossen wird, auf der anderen Seite als Prokurist mit der Vertretung betraut wird. Denn der Umfang der Vertretungsbefugnis eines Gesellschafters ist noch umfassender[2]) als der der Prokura, indem er selbst die Veräusserung und Belastung von Grundstücken, wie auch die Erteilung von Prokuren gestattet (Art. 114, 118 H.G.B.), ja Rechtshandlungen, die nicht zum Betriebe eines Handelsgewerbes gehören, wie Schenkungen, Verkauf des Geschäfts im Ganzen. Auch ist die Prokura zwar unbeschränkbar, aber jederzeit entziehbar, die Vertretungsbefugnis als Gesellschafter jedoch nicht.

§ 8.

Was die Prokura der Handelsgesellschaften im allgemeinen betrifft, so können Prokura erteilen: Offene Handelsgesellschaften (Art. 104, 108 H.G.B.), Aktiengesellschaften (Art. 234 H.G.B.), Kommanditgesellschaften, Aktien-Kommanditgesellschaften (R.O.H.G. VII. S. 412), Gesellschaften mit beschränkter Haftung[3]),

---

[1]) Busch, Arch. I. S. 147.

[2]) Cosack, Handelsrecht § 84. IV: 3a.

[3]) Die Regelung der inneren Verhältnisse der Gesellschaft mit beschränkter Haftung und ihre Organisation ist fast ausschliesslich der freien Autonomie der Beteiligten überlassen; denn die thatsächlichen Verhältnisse, für welche die Form der „Gesellschaft mit beschränkter Haftung“ sich nach der Absicht des Gesetzgebers eignen soll, können überaus verschiedenartig sein. Die

nicht aber Gesellschaften während ihrer Liquidation (R.O.H.G. XIII S. 224), weil durch die Liquidation die Gesellschaft aufhört, ein Handelsgewerbe zu betreiben, mithin die Anwendbarkeit derjenigen Rechtssätze wegfällt, welche das Bestehen eines Handelsgewerbes zum Gegenstande haben, so namentlich die Bestimmungen über die Geschäftsführung und über die gesetzliche Vertretungsbefugnis.

II. Die Entstehung der Prokura.

§ 1.

Die Prokura entsteht durch die Bestellung des Prokuristen seitens des Prinzipals auf Grund Vertrages.

Die Anmeldung und Eintragung in das Handelsregister ist für die Existenz der Prokura ohne Bedeutung; es sind jedoch mit derselben bestimmte Rechtswirkungen verbunden, deren weiter unten gedacht werden wird.

Wie die materielle Bedeutung der Prokura in ihrer Gesetzlichkeit und Unbeschränktheit, so liegt bei der Bestellung die formelle Bedeutung in der Anwendung des Wortes „Prokura", und dieses Wort als solches allein hat ausschlaggebende Wirkung. Mögen alle sonstigen Voraussetzungen der Bestellung zum Prokuristen vorhanden sein, so ist doch der ausdrückliche Gebrauch des Wortes „Prokura" unerlässlich. Eine Analogie hiezu findet sich in unserm Wechselrechte

---

vom Gesetze statuierte Autonomie der Gesellschaft in Bezug auf ihre Organisation, die Organe schaffen und in Wirksamkeit treten lassen kann nach freier Bestimmung des Statuts, lässt somit die Bestellung von Prokuristen zweifellos zu (vgl. Gareis: Das Reichsgesetz, betreffend die Gesellschaften mit beschränkter Haftung, vom 20. April 1892; vgl. ferner § 35 ff. cit. Ges.).

und zwar bei den Voraussetzungen über die Ausstellung eines Wechsels. Auch hier ist beim Vorhandensein aller Erfordernisse, bezw. beim Vorhandensein aller Bestandteile, deren Mangel der Wechselurkunde die Eigenschaft eines Wechsels raubt, der Wechsel ungiltig, wenn nicht das Wort „Wechsel“ im Texte des Wechsels selbst gebraucht wird.

Es ist nicht die Erteilung einer allumfassenden Handlungsvollmacht, welche den Prokuristen ausmacht, sondern die Prokura als solche. — Auf welche Weise die Bestellung eines Prokuristen erfolgen kann, sagt Art. 41 Abs. 2 H.G.B. Als zulässige Arten sind hier bezeichnet: a) die Erteilung einer ausdrücklich als Prokura bezeichneten Vollmacht; b) die ausdrückliche Bezeichnung des Bevollmächtigten als Prokuristen; c) die Ermächtigung, per procura die Firma des Prinzipals zu zeichnen. Das Gesetz stellt hier drei Arten der Bestellung auf. Andere Arten der Bestellung als die genannten nennt das Gesetz nicht. Jedoch dürfte eine stillschweigende Bestellung eines Prokuristen, ein Fall, der dann gegeben ist, wenn der Prinzipal jemanden stillschweigend Prokura zeichnen lässt, nicht ausgeschlossen sein. Liegt eine solche nicht vor, so muss der Besteller eine der genannten Erteilungsarten wählen, wenn die Prokura giltig sein soll. Zweifellos war es Absicht des Gesetzgebers, die Art der Bestellung des Prokuristen bestimmt zu fixieren. Es darf dies wohl aus dem Umfang und der unbeschränkten Natur der in der Prokura enthaltenen Vollmacht geschlossen werden. Die Arten der Bestellung des Prokuristen sind aber nicht nur absolut, sondern auch erschöpfend und dürfen nicht durch eine Restriktivinterpretation über Gebühr eingeschränkt werden. So ist beispielsweise nicht nötig, dass bei der ausdrücklichen Erteilung der Vollmacht der Ausdruck „Prokurist“ gerade vom Vollmachtgeber selbst gesprochen wird. Ein Geschehenlassen der Firmenzeichnung ohne Prokura-Zusatz kann jedoch nicht als stillschweigende Bestellung zum Prokuristen erachtet werden. (R.O.H.G. VIII. S. 316.) Die Bestellung eines Prokuristen erfolgt durch inneren Vertrag, wirkt aber für Dritte, wie jede Vollmachtserteilung, nur durch eine Erklärung nach aussen. Ob und in wieweit eine Erklärung, die vom Prinzipal an den mit seiner Vertretung Beauftragten erfolgt ist, auch als Dritten gegenüber abgegeben anzusehen ist, ist quaestio facti. Die Erklärung kann geschehen durch Briefe, Circulare, Zeitungsannoncen, durch mündliche Erklärung, also durch Erklärungen, welche ihrer Natur nach nicht an bestimmte einzelne Personen, sondern an das gesamte Publikum gerichtet erscheinen. Selbst einmalige Erklärung[1]) einer dritten Person gegenüber ist als genügend anzusehen; es kann sich schon jeder Dritte darauf berufen. Es kann aber die Prokura nicht gegenüber einem einzelnen Dritten erteilt werden; denn die Prokura kann, wenn einmal erteilt, nur unbeschränkt erteilt sein, weshalb auch die lediglich einem bestimmten Dritten gegenüber erteilte Erklärung zur Erteilung der Prokura genügt. Die Erklärung braucht nicht auf die Bestellung des Prokuristen gerichtet zu sein, sondern sie kann auch als Anerkennung eines bestehenden Verhältnisses erscheinen. Dies ist z. B. der Fall, wenn der Prinzipal es ruhig geschehen lässt, dass sein Bevollmächtigter die Firma per procura zeichnet oder sich sonst als Prokurist geriert. In diesem Geschehenlassen liegt eben eine Ermächtigung. Dieselbe kann eine ausdrückliche oder eine stillschweigende sein. Letzteres ist schon eine Folgerung aus allgemeinen Rechtsgrundsätzen. Aber auch die Fassung des Art. 41 Abs. 2. H.G.B. gibt der Aufstellung Raum, dass gerade

---

[1]) Vgl. Urteil des Obertribunals in Striethorsts Archiv XXXIII. S. 28; cit. Behrend § 52 Anm. 22; Buschs Archiv XXI S. 44.

hier die allgemeine Ermächtigung zur Zeichnung in Gegensatz gestellt ist zur ausdrücklichen Erteilung der Prokura und ausdrücklichen Bezeichnung als Prokurist. Es ergibt sich aus obiger Darstellung, dass die Erteilung der Prokura an bestimmte Formen nicht gebunden ist.

§ 2.

Es wurde bereits an früheren Stellen hervorgehoben, dass der Prinzipal bei Erteilung der Prokura handlungsfähig sein, oder eine Ergänzung der ihm mangelnden Handlungsfähigkeit, bezw. eine geeignete Vertretung, stattfinden müsse. In Ansehung der Bestellung von Prokuristen für Minderjährige kommen folgende Grundsätze in Betracht: Ein vom Vormunde bestellter Prokurist bedarf der obervormundschaftlichen Autorisation in den Fällen, in denen der Vormund selbst ihrer benötigt sein würde. Ist die Erteilung der Prokura obervormundschaftlich genehmigt, so liegt darin zugleich eine generelle Ermächtigung zu allen Handlungen, die in den Bereich der Prokura fallen. Eine besondere Autorisation[1]) ist alsdann nur noch in Bezug auf solche Geschäfte erforderlich, hinsichtlich deren die generelle Ermächtigung nicht ausreicht.

§ 3.

In der Nürnberger Kommissionssitzung[2]) vom 22. Januar 1858 wurde die Ansicht ausgesprochen, dass ein Nachteil durch die Bestellung eines Prokuristen von Seiten eines dazu nicht Berechtigten nicht zu befürchten sei, weil derjenige, welcher ohne die erforderliche Qualifikation dazu eine Prokura und dadurch den Gegen-

---

[1]) Behrend I. Anm. 19 S. 366.
[2]) Prot. S. 1278.

teil in Irrtum geführt habe, dieses sein eigenes Faktum nicht anfechten dürfe und die Wirkung der Prokura vertreten müsse. — Es darf wohl die Meinung von Hahns[1]) als die richtige angesehen werden, wonach die Prokuraerteilung seitens einer dazu nicht berechtigten Person zwar nicht die volle Wirkung der Prokura (Art. 42 H.G.B.) hat, wohl aber als eine Vollmachtserteilung zu erachten ist, bei welcher der Umfang der Vollmacht quaestio facti, d. h. nach dem Willen des Vollmachtgebers im speziellen Falle zu beurteilen ist. Wer übrigens diese Minderkaufleute sind, auf welche, abgesehen von den Bestimmungen über die Prokura, auch diejenigen über die Firmen und die Handelsbücher keine Anwendung finden, sagt Art. 10 H.G.B.

§ 4.

Ein Prinzipal, der mehrere[2]) Handelsniederlassungen unter gleicher Firma besitzt, kann nicht bloss für eine derselben Prokura erteilen. Wohl aber kann er, wenn die Handelsniederlassungen unter verschiedener Firma geführt werden, den Prokuristen ausschliesslich zur Zeichnung einer dieser Firmen ermächtigen.[3])

Besitzt ein Kaufmann eine Haupt- und eine Zweigniederlassung unter derselben Firma, so kann die Prokura nicht auf eine derselben beschränkt werden. Die Vertretung durch einen Prokuristen ist da ausgeschlossen, wo überhaupt keine Vertretung statthaft ist, so insbesondere bei der Eidesleistung (§ 440 C.P.O.) und bei Versicherung an Eidesstatt. Dagegen können Zustellungen auch wirksam an den Prokuristen geschehen.

---

[1]) Vgl. v. Hahn, Kommentar zum Allgem. Deutschen H.G.B. 3. Aufl. S. 44.

[2]) Vgl. Busch, Archiv IX. S. 450.

[3]) Zeitschrift für das gesamte Handelsrecht XIV. S. 503 (Prot. S. 952).

§ 159 C.P.O. In der Kommissionssitzung zu Nürnberg am 9. Oktober 1859 wurde zu Art. 42 des Entwurfes eines allgemeinen deutschen H.G.B. und zwar zu dessen erstem Absatze folgende Zusatzbestimmung beantragt: „Die Behändigung von gerichtlichen Vorladungen und anderen Zustellungen in Handelssachen geschieht mit gleicher Wirskamkeit an den Prinzipal oder den Prokuristen.“ Letzterer kann „die Annahme nicht verweigern“. Da sich indessen die Meinung geltend machte, dass diese Bestimmung teilweise für bedenklich, teilweise, insoweit sie nämlich gerechtfertigt sei, für selbstverständlich gehalten werden müsse, wurde der erwähnte Antrag zurückgezogen.

§ 5.

Die Frage, ob der Prokurist die Annahme einer Zustellung an den Prinzipal verweigern könne, ist zweifellos zu verneinen, sofern nämlich die Zustellung in einem Rechtsverhältnisse ihren Grund hat, das den Prokuristen als solchen zum Prinzipal in rechtliche Beziehungen setzt. Übrigens hätte die Weigerung, eine solche Zustellung anzunehmen, keine praktische Bedeutung, da einerseits die Zustellung ohne gesetzlichen Grund verweigert sein würde (§ 159 C.P.O.), andererseits die zu übergebende Zustellung einfach am Orte der Zustellung zurückzulassen wäre. (§ 170 C.P.O.)

§ 6.

Die Ernennung von Prokuristen steht, wie bereits früher hervorgehoben, nicht nur Einzelkaufleuten, sondern auch Handelsgesellschaften[1]) zu.

---

[1]) In Ansehung der Bestellung der Prokura seitens einer Aktiengesellschaft hob ein Mitglied in der Kommissionssitzung vom 11. November 1857 hervor: „Wenn es auch gerechtfertiget sei, die Rechtsverhältnisse der Beamten einer Aktiengesellschaft nicht ge-

Dass die Erteilung der Prokura seitens einer Handelsgesellschaft nicht vollständig in der gleichen Weise erfolgen kann, wie seitens eines Einzelkaufmannes, sich vielmehr in einem solchen Falle Besonderheiten ergeben, lehrt eine Betrachtung über das Wesen der Handelsgesellschaften überhaupt. Nach Art. 104 H.G.B. ist zur Bestellung eines Prokuristen, sofern nicht Gefahr im Verzuge ist, die Einwilligung aller geschäftsführenden Gesellschafter, und wenn keine solchen ernannt sind, die Einwilligung aller Gesellschafter erforderlich. Der Artikel enthält Sonderbestimmungen für Erteilung

---

radezu denen des Prokuristen gleichzustellen, so sei doch auch auf der anderen Seite kein zureichender Grund vorhanden, um den Aktiengesellschaften, wie dies in der neuerdings vorgeschlagenen Fassung geschehe, die Möglichkeit der Bestellung von Prokuristen zu nehmen, wenn diese in ihrer Absicht liege; denn nur die Prokuristen dürften in die Handelsregister eingetragen werden, und die Aktiengesellschaften könnten doch auch ein Interesse haben, Bevollmächtigte zu bestellen, auf welche die gesezlichen Bestimmmungen über Eintragung der Bestellung und Abberufung von Bevollmächtigten in das Handelsregister, über die Veröffentlichung solcher Einträge und über die rechtlichen Wirkungen solcher Veröffentlichungen Anwendung fänden. Das erwähnte Mitglied beantragte demzufolge, folgenden Zusatz zum Art. 213 anzunehmen: „Wird der Beamte zum Prokuristen ernannt, so kommen die Bestimmungen des fünften Titels über den Prokuristen in Anwendung.“ Dieser Antrag wurde jedoch mit 13 gegen 2 Stimmen abgelehnt, da erfahrungsgemäss Aktiengesellschaften niemals einen Prokuristen bestellten, wie denn auch das Recht der Bestellung eines solchen eigentlich nur als das Attribut eines Menschen betrachtet werden könne, da es einen Prinzipal von unbeschränkter Willensfähigkeit voraussetze; es passe nicht zu einem Institute, wie die Aktiengesellschaft, dessen Geschäftsthätigkeit sich nur auf einem autonomisch beschränkten Boden bewege.“ (Prot. S. 1063, 1064.) Letztgenannte Meinung, „dass erfahrungsgemäss Aktiengesellschaften niemals einen Prokuristen bestellten“, welche als nicht zutreffend im Gesetze keinen Ausdruck gefunden hat, ist denn auch als unpraktisch zu verwerfen. Vgl. R.G. XXII. S. 75, R.O.H.G. VII. S. 412, VIII. S. 340, IX. S. 70; v. Hahn zu Art. 234 H.G.B.; Renaud, Aktiengesellschaft S. 640 (2. Aufl.).

und Widerruf der Gesellschaftsprokura und zwar für die Erteilung in Abs. 1 und für den Widerruf in Abs. 2. Der Artikel regelt übrigens nur das Verhältnis der Gesellschafter unter einander; von dem Rechtsverhältnisse zu dritten handelt Art. 118 H.G.B. Nach letztgenanntem Artikel kann jeder vertretungsberechtigte Gesellschafter mit Wirkung gegen Dritte Prokura erteilen.

Der Handels-Register-Richter kann die Eintragung der Prokura nicht deshalb ablehnen, weil nicht alle[1]) geschäftsführenden Gesellschafter zugestimmt haben. Zur Bestellung eines Prokuristen ist also mit Wirkung nach innen die Einwilligung aller geschäftsführenden Gesellschafter erforderlich, während die Bestellung eines Prokuristen seitens auch nur eines vertretungsberechtigten Gesellschafters eine Prokura mit Wirkung gegen Dritte zur Folge hat. Bezüglich des Falles, wenn die Geschäftsführung mehreren Gesellschaftern mit der ausdrücklichen Beschränkung übertragen ist, dass einer nicht ohne den andern handeln könne, sowie bezüglich des weiteren Falles, wenn mehreren Gesellschaftern die Geschäftsführung ohne diese ausdrückliche Beschränkung übertragen ist, vgl. Art. 100 H.G.B. Die von der Geschäftsführung ausgeschlossenen Gesellschafter haben kein Recht, bei Erteilung der Prokura mitzuwirken. Die Frage, ob ein von der Geschäftsführung ausgeschlossener Gesellschafter zum Prokuristen der Gesellschaft bestellt werden könne, wird in Buschs Archiv I, S. 147 verneint, von Renaud: Kommandit-Gesellschaft bejaht.

Letztere Meinung dürfte wohl als die richtige und den Bedürfnissen der Praxis entsprechende anzusehen sein.

---

[1]) Vgl. Behrend § 69 Anm. 20.

Die Bestimmungen des Art. 118 H.G.B., wonach die Erteilung, sowie die Aufhebung einer Prokura mit rechtlicher Wirkung gegen Dritte durch einen der zur Vertretung der Gesellschaft befugten Gesellschafter geschieht, stellt sich lediglich als eine Konsequenz aus Art. 114 H.G.B. dar und sind nur aufgenommen worden, um im Gegensatze zu Art. 104 H.G.B., der das interne Verhältnis der Gesellschafter regelt, das Verhältnis nach aussen besonders hervorzuheben. Es ergibt sich, dass die von dem vertretungsbefugten Gesellschafter erteilte Prokura eingetragen werden muss ohne Rücksicht auf die Zustimmung der übrigen Gesellschafter, auch wenn der erteilende Gesellschafter nach innen keine Geschäftsführungs- oder nur Kollektiv-Geschäftsführungsbefugnis hatte.

§ 7.

In Ansehung der Kommanditgesellschaften — die Bestellung von Prokuristen für dieselben ist zulässig[1]) — ist aus Art. 104 H.G.B. zu folgern, dass zur Bestellung eines Prokuristen ein Beschluss sämtlicher geschäftsführender Gesellschafter erforderlich ist und nur der Fall der Gefahr im Verzuge hievon eine Ausnahme bildet. Der Umstand, dass, wie ja bei der offenen Handelsgesellschaft möglich, keine geschäftsführenden Gesellschafter ernannt sind, ist hier ohne praktische Bedeutung, da bei der Kommanditgesellschaft die Komplementäre kraft Gesetzes die geschäftsführenden Gesellschafter sind. Art. 158 H.G.B. regelt nur das interne Verhältnis der Komplementäre, während nach Art. 167 H.G.B. mit Wirkung nach aussen jeder Komplementär Prokura erteilen kann. Auch bei der Kommanditgesellschaft auf Aktien[2])

---

[1]) R.O.H.G. VII. S. 415.

[2]) Cit. Erkenntnis des R.O.H.G. VII. S. 415 bezieht sich auf Aktien-Kommanditgesellschaften, da die Aktien-Kommanditgesell-

steht, wie bei der einfachen Kommanditgesellschaft, die Ernennung von Prokuristen den persönlich haftenden Gesellschaftern zu.

Die Frage, ob ein Kommanditist ohne besondere Ermächtigung einen Prokuristen bestellen könne, ist zu verneinen. Denn der Kommanditist hat kein Recht und keine Pflicht zur Geschäftsführung; er ist gemäss Art. 158 Abs. 2 H.G.B. zur Führung der Geschäfte der Gesellschaft weder berechtigt noch verpflichtet. Doch kann der Kommanditist zum Prokuristen der Gesellschaft bestellt werden, eine Thatsache, die sich als eine Folgerung aus Art. 167 Abs. 3 H.G.B. darstellt. Die Bestimmungen des Art. 158 H.G.B. sind jedoch dispositiver Natur. Zunächst entscheidet der Gesellschaftsvertrag (Art. 157 H.G.B.). Dieser kann bestimmen, dass auch der Kommanditist zur Geschäftsführung zugelassen wird, ja dass er sogar allein und mit Ausschluss[1]) der persönlich haftenden Gesellschafter die Geschäfte führen soll.

§ 8.

Dass für eine Aktiengesellschaft ein Prokurist bestellt werden könne, sagt Art. 234 H.G.B. ausdrücklich. Die Erteilung der Prokura geschieht auch hier mit Rücksicht auf Art. 41 H.G.B. Die Bestellung soll durch den Vorstand erfolgen und von der Zustimmung des Aufsichtsrates abhängig sein. Diese Bestimmung hat die Besonderheit, dass sie nur dann giltig ist, wenn nicht durch den Gesellschaftsvertrag oder durch Beschluss der Generalversammlung ein anderes bestimmt ist. Genannte Bestimmung regelt jedoch nur das Ver-

---

schaft lediglich als eine Unterart der einfachen Kommanditgesellschaft erscheint, für welche im allgemeinen die Grundsätze über die Kommanditgesellschaft gelten, soweit nicht die Zerlegung in Aktien — es ist bei der Aktien-Kommanditgesellschaft das Gesamtkapital der Kommanditisten in Aktien zerlegt — etwas Anderes erfordert.

[1]) Vgl. Buschs Archiv X. S. 411.

hältnis nach innen, hat mithin Dritten gegenüber keine rechtliche Bedeutung. Es kann nun eine Aktiengesellschaft durch Statut oder Beschluss der Generalversammlung die Bestellung von Prokuristen entweder ganz verbieten oder sie dem Vorstande allein ohne Genehmigung eines anderen Geschäftsorgans gestatten oder der Genehmigung des Aufsichtsrates die der Generalversammlung substituieren. In allen diesen Fällen ist eine Beschränkung des Vorstandes dritten Personen gegenüber rechtlich wirkungslos. Denn die Spezialvorschrift des Art. 234 H.G.B. ist einerseits rein dispositiv, d. h. sie gilt nur, wenn der Gesellschaftsvertrag oder die Generalversammlung nichts Anderes bestimmen, andererseits wirkt sie lediglich nach innen. Nach aussen ist der Vorstand der gesetzliche Vertreter mit schrankenloser Befugnis. Hat der Vorstand schriftlich oder mündlich oder durch Erklärung einem Dritten gegenüber (Art. 41 Abs. 2 H.G.B.) Prokura erteilt, so ist derselbe Prokurist mit allen Rechtswirkungen nach aussen (Art. 231 H.G.B.). Läuft die Erteilung der Prokura seitens des Vorstandes dem Gesellschaftsvertrage oder einer Anordnung der inneren Organe zuwider, so ist der Vorstand nach innen, d. h. der Gesellschaft gegenüber, verantwortlich. Die Rechtshandlung des Vorstandes ist selbst dann vollkommen rechtswirksam, wenn der Dritte die Beschränkung[1]) kannte und ihm nur nicht die Einrede des dolus (z. B. der Collusion zum Nachteil der Gesellschaft mit dem Vorstand, welcher ohne den erforderlichen Konsens den Prokuristen bestellt hat) entgegensteht. Die Bestellung von Prokuristen kann mit der Massgabe erfolgen, dass die Giltigkeit der Zeichnung der Firma seitens des Prokuristen von der Mitzeichnung eines Vorstandsmitgliedes abhängig[2]) gemacht wird.

---

[1]) Makower Anm. 14a zu Art. 234 S. 263.

[2]) R.O.H.G. VII. S. 412, VIII. S. 430, IX. S. 70.

§ 9.

Was die Bestellung eines Prokuristen seitens einer stillen Gesellschaft betrifft, so gelten hierüber keine besonderen Vorschriften. Der Grund hiefür ist in dem Wesen der stillen Gesellschaft[1]) zu suchen. Der Geschäftsherr der stillen Gesellschaft, welcher allein den Betrieb des Geschäfts in Händen hat, bestellt den Prokuristen. Der stille Gesellschafter hat kein Recht, an der Geschäftsleitung teilzunehmen oder sich in irgend einer Weise in dieselbe einzumischen. Wenn aber dem stillen Gesellschafter vertragsmässig die Befugnis zur Prokuraerteilung eingeräumt ist, so steht einer solchen Erteilung nichts im Wege. Auch dann wird eine Prokuraerteilung seitens des stillen Gesellschafters Dritten gegenüber als wirksam zu erachten sein, wenn er sich als offener Gesellschafter des Kaufmanns oder als Mitinhaber der Firma gerierte, da in diesem Falle dritte Personen befugt sind, ihn als direkt[2]), illimitiert und solidarisch verpflichtet zu behandeln.

---

[1]) Die stille Gesellschaft, welche sich von der Kommanditgesellschaft dadurch unterscheidet, dass die Vermögenseinlage des stillen Gesellschafters nach aussen hin nicht hervortritt, ist überhaupt nicht als eine Handelsgesellschaft im Sinne des Gesetzes anzusehen. Sie ist lediglich ein Vertragsverhältnis, wodurch sich jemand an dem Betriebe des Handelsgewerbes eines Anderen mit einer Vermögenseinlage gegen Anteil an Gewinn und Verlust beteiligt. Dieser Andere, an dessen Handelsgewerbe sich der stille Gesellschafter beteiligen will, kann sein ein Einzelkaufmann, Offene oder Kommanditgesellschaft, Aktiengesellschaft, Aktien-Kommanditgesellschaft, Genossenschaft oder handeltreibende juristische Person. Auch wird der stille Gesellschafter in den letzteren Fällen nicht etwa, wie es früher nicht selten fälschlich angenommen wurde, Mitglied der mit ihm kontrahierenden Handelsgesellschaft oder Korporation, sondern steht ihr vollständig als extraneus gegenüber. (Wendt in Endemanns Handbuch des deutschen Handels-, See- und Wechselrechts I. § 140 S. 735.)

[2]) Cit. Endemann I. S. 736.

§ 10.

Wenngleich nun die Erteilung der Prokura seitens einer Handelsgesellschaft für zulässig erklärt ist, so macht doch der Fall der in Liquidation befindlichen Gesellschaft eine Ausnahme. Gemäss einer Entscheidung des R.O.H.G. XIII. (76) S. 224 kann eine in Liquidation befindliche Gesellschaft einen Prokuristen nicht mehr bestellen. Der Grund liegt darin, dass die Prokuraerteilung gerade zu Zwecken des Geschäftsbetriebes erfolgt, während die Liquidation die Auflösung des Geschäftes und die Abwickelung früherer Geschäfte zum Gegenstande hat.

§ 11.

Die Eintragung der Prokura ist nicht wesentlich für ihre Erteilung und ihre Existenz, sondern hat lediglich die Bedeutung einer Ordnungsvorschrift. Der Eintrag in das Handels-Register hat keine eigene direkte Wirkung, vor allem nicht die, eine Person zum Prokuristen zu machen, welche nicht vertragsmässig dazu bestellt ist, da der Eintrag eine rechtsbeständige Bestellung des Prokuristen voraussetzt. Fehlt es an einer solchen, so ist die Prokura trotz der Eintragung unwirksam.[1]) Zum Eintrag in das Handels-Register ist vom Prinzipal die Erteilung der Prokura persönlich oder in beglaubigter Schrift bei der Registerbehörde anzumelden, und mit dieser Anmeldung ist seitens des Prokuristen wiederum persönlich oder unter Beglaubigung die Zeichnung[2]) der Firma nebst seiner Namensunterschrift zu verbinden, ganz wie dies von der Firmazeichnung des Prinzipals selbst gilt. Ist aus Irrtum und Missverständnis eine Bevollmächtigung als Prokura eingetragen, ohne dass eine Bestellung dazu in Wirklich-

---

[1]) R.O.H.G. XXIII. (93) S. 286; Buschs Arch. XIX. S. 249.

[2]) Endemann I. S. 284 unten.

keit erfolgt ist, so können sich dritte Personen auf den Eintrag nicht berufen, und eine Klage gegen den Prinzipal kann noch nicht mit dem Hinweise bloss auf den Eintrag[1]) aufrecht erhalten werden. Unterlassung der Anmeldung zieht Ordnungsstrafe, im Falle der Aufhebung einer bestehenden Prokura überdies relative Nichtigkeit nach sich. Der Prokurist hat bei der Eintragung seine Firmenzeichnung einzureichen, und zwar hat er nach dem Wortlaute des Gesetzes der Firma seine Namensunterschrift beizufügen; ein Stempeldruck der Firma genügt nicht.

§ 12.

In Ansehung der Rechtswirkungen, die der Eintrag der Prokura in das Handelsregister zur Folge hat, ist folgendes zu bemerken: Das Bedürfnis nach Publizität, wie es bei der Prokura besteht, ergibt sich aus der Natur des Handelsverkehrs. Die Wirkung der Publizität tritt erst in denjenigen Fällen ein, in denen eine öffentliche Kundgebung vorgeschrieben oder üblich ist und in gehöriger, d. h. in vorschriftsmässiger oder einer der Übung entsprechenden Weise stattgefunden hat. Die Wirkung besteht darin, dass der Inhalt der Veröffentlichung als allgemein bekannt betrachtet wird. Ist nun der Eintrag der Prokura in das Handelsregister erfolgt, so ist für den Dritten eine sog. befreiende[2]) Thatsache nur dann vorhanden, wenn er beweist, dass er die Thatsache des Eintrages weder gekannt habe noch habe kennen müssen. (Vgl. Art. 46 H.G.B.) War der Eintrag nicht erfolgt, so muss die Kenntnis des Dritten von dem, der sich auf sie beruft, bewiesen werden. Erheblich ist hier nur die wirkliche Kenntnis, nicht

---

[1]) R.O.H.G. XXXIII. (93) S. 285.

[2]) Thöl, S. 182. Gemeinsamer Inhalt aller befreienden Thatsachen ist: Erklärungen, die unter einer Firma oder Namens des Prinzipals eines Firmengeschäftes abgegeben werden, sollen den

ob die Thatsache hätte in Erfahrung gebracht werden können.

III. Umfang der Prokura.

§ 1.

Nach Art. 42 H.G.B. ermächtigt die Prokura zu allen Arten von gerichtlichen und aussergerichtlichen Geschäften und Rechtshandlungen, welche der Betrieb eines Handelsgewerbes mit sich bringt; sie ersetzt jede nach den Landesgesetzen erforderliche Spezialvollmacht, sie berechtigt zur Anstellung und Entlassung von Handlungsgehilfen und Bevollmächtigten. Der Umfang der Prokura wird hier normiert und zwar positiv in cit. Art. 42 Abs. 1 H.G.B., negativ in Abs. 2 cit. Artikels, wonach der Prokurist zur Veräusserung und Belastung von Grundstücken nur dann befugt ist, wenn ihm diese Befugnis besonders erteilt ist. Der Entwurf eines H.G.B. für die preussischen Staaten ermächtigt in Art. 40 den Faktor zu allen Arten von gerichtlichen und aussergerichtlichen Geschäften und Rechtshandlungen, welche der Betrieb des Handelsgeschäftes mit sich bringt, und es geht aus den Motiven (S. 27) hervor, dass durch die Worte: „Das Handelsgeschäft“ das konkrete Geschäft des Prinzipals gemeint ist. In der Nürnberger Kommissionssitzung vom 6. Februar 1857 wurde beantragt, in Art. 40 des Entwurfes eines allgemeinen deutschen H.G.B. (Entw. 1. Lesung, jetzt Art. 42 H.G.B.) statt

---

nicht treffen, von dem die befreiende Thatsache kundgemacht wird. In den hierher gehörigen Fällen wird entweder die Aufhebung eines bestehenden Rechtsverhältnisses bekundet — H.G.B. 25, 46, 129, 135², 171, 199², 201, 233, 243 — oder eine Haftung, die an sich gesetzlich begründet sein würde, wird von vornherein ausgeschlossen — H.G.B. 86⁴, 115, 163³; vgl. auch Behrend § 39 S. 238 f.

„des Handelsgeschäftes“ „eines (d. h. irgend eines) Handelsgeschäftes“ zu setzen. Diese Debatte gab aber weiterhin Veranlassung zu einer Erörterung darüber, ob es denn wirklich empfehlenswert sei, es bei der zu Art. 40 beschlossenen Beschränkung der Prokura in Betreff des Handlungspersonales[1]) zu belassen. Das Beispiel, dass ein Prokurist ohne Ermächtigung Personal anstelle und aussende, und dass dieses mit dem Publikum Geschäfte mache, weise dringend darauf hin, auch diese Schranke fallen zu lassen; denn in einem solchen Falle sei das Publikum schutzlos, und andrerseits sei bei der Beseitigung dieser Einschränkung nichts Bedenkliches, da ja doch der Prokurist ein Mann sein müsse, dem der Prinzipal alles Vertrauen schenke. Es wurde deshalb über diese Frage eine neue Abstimmung beantragt. Bei der hierauf stattgehabten Abstimmung wurde mit 14 gegen 1 Stimme beschlossen, dass die bezüglich der Anstellung und Entlassung des Handlungspersonales durch Prokuristen zu Art. 40 beschlossene Einschränkung wegzufallen, vielmehr auch diese Angelegenheit in den Bereich der Prokura zu fallen habe, mit 13 gegen 2 Stimmen aber ausgesprochen, dass in Art. 40 statt „des Handlungsgeschäftes“ „eines Handlungsgeschäftes“ zu setzen sei, und hienach, ohne dass es einer Abstimmung bedurfte, anerkannt, dass der Art. 45 in der Fassung des Entwurfes für die Prokuristen hinwegzufallen habe.

Bei der zweiten Lesung des Entwurfes eines allgemeinen deutschen H.G.B. und zwar in der Sitzung vom 9. Oktober 1857 wurde bei der Beratung[2]) zu Art. 42 ausdrücklich anerkannt, dass die Fassung „eines Handlungsgeschäftes“ soviel sage als: „irgend eines Handlungsgeschäftes“ und „mit sich bringt“ soviel als: „mit sich bringen könne“.

---

[1]) Prot. S. 91.
[2]) Prot. S. 951.

§ 2.

Die Prokura unseres allgemeinen deutschen H.G.B. ist, wie bereits früher hervorgehoben wurde, infolge der gesetzlichen Bestimmung über den weiten Umfang der Prokura und die Unzulässigkeit der Beschränkung desselben (Art. 43 H.G.B.) ein anderes Institut als die Prokura des früheren Rechtes. Die Einführungsgesetze, welche auf die vor Einführung des H.G.B. erteilten Prokuren die Anwendung der Bestimmungen des deutschen H.G.B. für zulässig erklären, thun dies teils ganz unbeschränkt, teils minder unbeschränkt, teils enthalten sie, wie z. B. das sächsische Einführungsgesetz, überhaupt keine diesbezügliche Bestimmung. Ganz unbeschränkt sind in dieser Anwendung die Einführungsgesetze von Bayern (Art. 30) und Bremen (§ 50). Das Gleiche muss aus Art. 8 des Frankfurter Einführungsgesetzes entnommen werden. Die Einführungsgesetze von Hamburg (transitorische Bestimmungen § 4) und Lübeck (Art. 25) beschränken die Gleichstellung mit den Prokuristen des allgemeinen deutschen H.G.B. auf die vor der Einführung des letzteren bereits ordnungsmässig in das (alte) Prokuren-Protokoll (Prokurenbuch) eingetragenen Prokuristen. [Das letztere Gesetz (von Lübeck) erklärt die nicht eingetragene ältere Prokura ausdrücklich nur als Handlungsbevollmächtigung im Sinne des Art. 47 H.G.B.] Eine Gleichstellung der alten Prokura mit der neuen lässt das badische Einführungsgesetz eintreten, wenn der Widerruf jener nicht innerhalb 3 Monaten nach Einführung des H.G.B. in das Handels-Register eingetragen ist. Alle übrigen Einführungsgesetze[1]) erklären die vor der Einführung des H.G.B. bestellten Prokuristen nicht für befugt, per procura die Firma zu zeichnen und sich als Prokuristen zu gerieren,

---

[1]) Vgl. v. Hahn, Kommentar zum H.G.B. I. 2. Aufl. Anm. zu Art. 42 S. 167.

wenden vielmehr die Grundsätze über Handlungsbevollmächtigte auch auf sie an. Die meisten Gesetze erkennen ausserdem eine Befugnis zur Vornahme aller Geschäfte und Rechtshandlungen an, wozu sie nach dem bisherigen Rechte die Prokura ermächtigte. In Ansehung der Aufhebung der alten Prokura erklären die meisten Gesetze das neue Recht für massgebend, wenn dieselbe wenigstens nach Ablauf einer bestimmten Frist erfolgt.

§ 3.

Was die Normierung der in der Prokura enthaltenen Vollmacht gemäss Art. 42 H.G.B. betrifft, so enthält genannter Artikel das Prinzip.

Im Gegensatze zu der Vollmacht des Prokuristen ist die des Handlungsbevollmächtigten eine dispositiv begrenzte, mithin Dritten gegenüber präsumtiv in dem gesetzlichen Umfange (Art. 47 H.G.B.) bestehende kaufmännische Vollmacht, welche z. B. zum Eingehen von Wechselverbindlichkeiten, zur Aufnahme von Darlehen und zur Prozessführung nur dann ermächtigt, wenn eine besondere Befugnis dazu erteilt ist (Art. 47 Abs. 2 H.G.B.).

§ 4.

Der Prokurist ist in weitestem Umfange zur Vertretung seines Geschäftsherrn befugt. Seine Vollmacht erstreckt sich nicht bloss auf Geschäfte, die der gewöhnliche Lauf des vom Prinzipal betriebenen Handelsgewerbes mit sich bringt, sondern sie umfasst alle Geschäfte und Rechtshandlungen, welche der Betrieb irgend eines Handelsgewerbes möglicherweise mit sich bringen kann, d. h. so ziemlich das gesamte Gebiet des entgeltlichen Vermögensverkehrs unter Lebenden. Die Prokura ersetzt jede nach den Landesgesetzen erforderliche Spezialvollmacht, wie auch eine jede Spezialvollmacht, die nach Reichsrecht etwa erforderlich sein sollte. Der Prokurist ist darum namentlich auch befugt, Vergleiche zu schliessen, auf Rechte des Prinzipals Verzicht zu leisten, Wechselverbindlichkeiten und Versicherungsverträge einzugehen. Die Frage, ob auch Liberalitäten in den Bereich des Handelsverkehrs gehören, ist dahin zu beantworten, dass sie allerdings ausnahmsweise dazu gehören. Der Prokurist ist dann zu Liberalitäten ermächtigt, wenn sie der betreffende Geschäftsverkehr mit sich bringt. Daher ist er zu Schenkungen nur ermächtigt, wenn sie sich als Remunerationen darstellen, die im Interesse des Handelsgewerbes geleistet, oder wenn sie zur Förderung des Handelsbetriebes gemacht wurden. Schenkungen der letztgenannten Art sind z. B. die Schenkungen an Kunden, Geschenke, um die Gunst einflussreicher Personen zu gewinnen, Anstandsgaben. In ähnlicher Weise ist die Befugnis zu unentgeltlichen Verzichten und zu Intercessionen zu behandeln, welche ebenfalls dem Prokuristen gestattet sind, wenn sie in den Bereich eines Handelsgewerbes fallen. — Der Verkauf eines Handlungsgeschäftes steht dem Prokuristen ohne besondere Vollmacht nicht zu, da die Bestellung des Prokuristen nicht zur Veräusserung, sondern zum Betriebe des Geschäftes, zur Geschäftsführung erfolgt. Zum Betriebe eines Handelsgewerbes gehört aber nicht die Einstellung des Betriebes, noch der Abschluss der darauf hinzielenden Rechtsgeschäfte. Gerade die Bestellung eines Prokuristen seitens des Prinzipals ist eine Willenskundgebung, das Handelsgewerbe zu betreiben oder in seinem Namen betreiben zu lassen. Aus diesem Grunde lässt die Erteilung der Prokura die Auffassung nicht zu, dass mit der Vollmacht zum Betriebe des Handelsgewerbes zugleich die Vollmacht verbunden sein sollte, den Gewerbsbetrieb einzustellen und hiedurch die Kaufmannsqualität[1]) des Prinzipals aufzuheben. Der Ver-

[1]) R.O.H.G. XXXIII. (7) S. 28.

kauf des Fabrikinventars steht mit der Aufgabe des Prokuristen nicht im Widerspruch. Streitig kann sein, ob der Prokurist das ursprüngliche Geschäft seines Prinzipals in ein anderes umwandeln könne. Man wird indes die Frage wohl bejahen dürfen, da die Umwandlung des Geschäftes in ein anderes wohl zu den Geschäften gehören kann, welche der Betrieb irgend eines Handelsgewerbes mit sich bringt und jedenfalls der Prinzipal die einzelnen Handelsgeschäfte nach dem Prinzipe anzuerkennen hat.

§ 5.

Fassen wir zur Illustrierung des Umfanges der Prokura folgenden Fall ins Auge: „Ein Blechwarenhändler, den seine Gesundheit zu einem längeren Aufenthalte im Süden nötigt, bestellt sich einen Prokuristen. Als er nach einem Jahre zurückkehrt, findet er zu seinem nicht geringen Erstaunen das Geschäft seiner Vorfahren in ein Zigarrengeschäft verwandelt. Muss er die diesbezüglichen Abschlüsse seines Prokuristen[1]) anerkennen?" Der Prinzipal muss hier die diesbezüglichen Abschlüsse seines Prokuristen anerkennen.

§ 6.

Bezüglich des Unterschiedes der Befugnisse des Prokuristen und des Handlungsbevollmächtigten ist zu bemerken, dass die Befugnisse des Prokuristen in den Art. 42 und 43 H.G.B. gesetzlich festgestellt und deshalb von der Privatwillkür der Beteiligten unabhängig sind. In Ansehung des Umfangs der Befugnisse des Handlungsbevollmächtigten ist die Vereinbarung des Prinzipals und des Handlungsbevollmächtigten massgebend.

---

[1]) Vorliegender Fall ist der Sammlung handelsrechtlicher und wechselrechtlicher Fälle von Prof. Dr. E. Sehling, Erlangen und Leipzig 1891 entnommen. S. daselbst S. 11 Nr. 25.

Die Art. 47, 49, 50, 51 H.G.B. enthalten nur gewisse Rechtsgrundsätze, von welchen in dem Falle, wenn der Umfang der Befugnisse des Handlungsbevollmächtigten nicht ausdrücklich oder nicht mit genügender Spezialität bei Erteilung der Vollmacht bestimmt worden ist, der mit dem Handlungsbevollmächtigten kontrahierende Dritte[1]) bei Interpretation dieser Vollmacht auszugehen hat. — Die Frage, ob ein Prokurist ohne das Erfordernis eines speziellen Mandates oder der Ratihabition seitens des Geschäftsherrn für letzteren Besitz erwerben könne, und wenn er sich auf die Vollmacht beruft, die gesetzliche Vermutung für sich habe, ist vermöge der in der Prokura enthaltenen Generalvollmacht zu bejahen. Durch diese gemäss Art. 42 H.G.B. in der Prokura liegende Generalvollmacht erwirbt der Prinzipal ohne weiteres den Besitz eines Gegenstandes durch dessen Empfangnahme seitens des Prokuristen. Es ist hiebei rechtlich unerheblich, ob der Prinzipal die Besitzergreifung erfährt und dann billigt. Auch auf den für den Eigentumserwerb durch Tradition auf Seiten des Acquirenten erforderlichen Willen, Eigentum zu erwerben, kommt es nicht an. Der Wille des Prokuristen ersetzt den Willen des Geschäftsherrn vollständig. Es ist selbst nicht notwendig, dass sowohl der Übertragungs- als der Erwerbswille ausdrücklich erklärt werden. Die Absicht des Prokuristen, für den Prinzipal zu Eigentum erwerben zu wollen, ist das allein entscheidende. Es genügt, wenn diese Absicht aus den Umständen, also aus konkludenten Handlungen geschlossen werden kann. Deshalb kann aber auch die Absicht des Prokuristen, wenn sie nicht in die äussere Erscheinung tritt, keine Berücksichtigung finden. Erfährt die Handlung des Prokuristen keine Genehmigung von Seiten des Geschäftsherrn, will mithin der Geschäftsherr die durch den

---

[1]) R.O.H.G. VIII. (38) S. 151.

Prokuristen in Besitz genommenen Leistungen nicht haben, so verliert hiedurch der Besitzerwerb durch den Stellvertreter seine rechtliche Bedeutung ebensowenig, wie der Besitz des tradierenden Gegenkontrahenten wieder zur Geltung gelangt. Selbst Einverständnis des Gegenkontrahenten vermag hierin nichts zu ändern.

Die Erklärung des Prinzipals, dass ein von seinem Prokuristen angenommener Geldbrief dem Postboten zurückgegeben werden solle, ist für die Frage nach dem Erwerbe des Eigentums an dem Geldbriefe unerheblich. Hiebei hat der Umstand, dass der Geldbrief uneröffnet geblieben, keine rechtliche Bedeutung, da die Aneignung seines Inhaltes schon in der Besitzergreifung[1]) des Geldbriefes selbst zu finden ist.

§ 7.

In Ansehung der prozessualen Vertretung ist der Prokurist, wie der Korrespondentrheder, Dritten gegenüber, soweit Geschäfte in Frage stehen, welche der Betrieb einer Rhederei, bezw. eines Handelsgewerbes, gewöhnlich mit sich bringt, zur prozessualen Vertretung zwar legitimiert, (Art. 42, 460 H.G.B.) aber nicht verpflichtet. — Zustellungen in den durch den Betrieb des Handelsgewerbes hervorgerufenen Streitigkeiten erfolgen nach § 159 C.P.O. mit gleicher Wirkung an den Prokuristen, wie an die Partei selbst. Auf den Handlungsbevollmächtigten erleidet diese Bestimmung keine Anwendung. Während die Prokuristen und Korrespondentrheder nur die Ermächtigung, bezw. Befugnis, zu gerichtlichen Rechtshandlungen, bezw. zur Vertretung vor Gericht haben, wird in Betreff der von der Befugnis, die Gesellschaft zu vertreten, nicht ausgeschlossenen Gesellschaftern einer offenen Handelsgesellschaft, (Art. 117

[1]) R.G. XIX. (47) S. 248 — 253; vgl. auch Fuchsenbergers Entscheidungen Teil I. Das Handelsrecht S. 77.

H.G.B.) in Betreff der Liquidation, (Art. 137, 144 Abs. 3 H.G.B.) der persönlich haftenden Gesellschafter einer Kommanditgesellschaft, (Art. 167 H.G.B.) des Vorstandes einer Aktiengesellschaft (Art. 227 H.G.B.) die Gesellschaft ohne weiteres vor Gericht vertreten, und es ist in Art. 167 Abs. 2 ausdrücklich hervorgehoben, dass zur Behändigung von Vorladungen und anderen Zustellungen an die Gesellschaft es genügt, wenn dieselbe an einen der zur Vertretung befugten Gesellschafter geschieht. Der Grund hiefür liegt in dem Umstande, dass es sich hier um die natürlichen, bezw. die gesetzlichen Organe eines Rechtssubjektes handelt. Für die fakultativen Vertreter, wie Prokurist und Korrespondentrheder, wollte jedoch das Gesetz keine gleichen Bestimmungen[1]) treffen, da es andernfalls gewiss solche getroffen hätte.

§ 8.

Einen Eid kann der Prokurist nicht leisten, wenn derselbe dem Prinzipal persönlich auferlegt ist. (§ 440 C.P.O.) Ob aber der Prokurist in Vertretung des Prinzipals Eide leisten kann, hängt davon ab, ob nach Landesrecht ein durch Spezialvollmacht ermächtigter Stellvertreter — die Prokura ersetzt bekanntlich jede nach den Landesgesetzen erforderliche Spezialvollmacht (Art. 42 H.G.B.) — zur Eidesleistung für den Geschäftsherrn zugelassen werden kann. Jedenfalls ist aber die eine Prozesspartei nicht verpflichtet, den Prokuristen statt des Prinzipals als Prozessgegner, namentlich bezüglich der Leistung von Schiedseiden, anzunehmen. Wenn z. B. eine Klage nicht gegen den Prokuristen, sondern gegen sein Handlungshaus gerichtet ist, und wenn auch der Prinzipal in dieser seiner Eigenschaft die Vollmacht des Prozess-

---

[1]) v. Hahn, Kommentar zum allgem. deutschen H.G.B. 3. Aufl. § 5 zu Art. 47. R — G. I. (107) S. 297, 288.

bevollmächtigten[1]) ausgestellt hat, so ist trotzdem die Firma, nicht der Prokurist, die Prozessgegnerin, selbst dann, wenn der Prokurist der Firma die ganze Korrespondenz einschliesslich des Vertragsabschlusses geführt hat und die Inhaber der Firma in der fraglichen Angelegenheit unbeteiligt geblieben sind.

§ 9.

Die in den Art. 42, 43 H.G.B. über den gesetzlichen Umfang der Vollmacht des Prokuristen und die Unbeschränkbarkeit desselben nach aussen enthaltenen Vorschriften haben übrigens nur privatrechtliche Bedeutung und deshalb auf dem dem öffentlichen Rechte angehörenden Gebiete der Berechtigung zur Stellung von Strafanträgen keine Geltung zu beanspruchen.[2]) Es darf daher namentlich aus der Unbeschränkbarkeit der Vollmacht in keiner Weise geschlossen werden, dass ein gegen den ihm erklärten Willen des Prinzipals vom Prokuristen gestellter Strafantrag vom Strafrichter als wirksam anerkannt werden muss. Die Frage aber, ob ein Prokurist im konkreten Falle für den Prinzipal zur Stellung von Strafanträgen als berechtigt anzusehen sei, ist nach allgemeinen Rechtsgrundsätzen und ohne unmittelbare Berücksichtigung[3]) der speziell handelsrechtlichen Vorschriften der Art. 42, 43 H.G.B. zu beurteilen.

---

[1]) Vgl. Seuffert, Civilprozessordnung, 4. Aufl. § 76 Anm. 5 S. 114; vgl. bezüglich Zustellungen, vgl. § 159 S. 203 f. cit. Autor; vgl. ferner Gaupp, Kommentar zur Civilprozessordnung. 2. Aufl. I. § 159 S. 332 f.

[2]) S. Fuchsbergers Entscheidungen. Teil I. Das Handelsrecht S. 79.

[3]) Rechtsprechung des deutschen Reichsgerichts in Strafsachen, herausgegeben von der Reichsanwaltschaft. VIII. (320) S. 756.

§ 10.

Ein weiteres Moment der in der Prokura liegenden Vollmacht ist die Ermächtigung zur Anstellung und Entlassung von Handlungsgehilfen und Bevollmächtigten. Der Begriff des Handlungsbevollmächtigten ist hier weiter zu fassen. Es gehören dazu sowohl diejenigen Personen, welche mit der Vollmacht zum Abschlusse eines einzelnen Handelsgeschäftes oder mehrerer einzelner Handelsgeschäfte versehen sind, (Bevollmächtigte im engeren Sinne, s. Art. 195, 297, 298 H.G.B.) wie auch diejenigen, welche zum Betriebe eines ganzen Handelsgewerbes oder zu einer bestimmten Art von Geschäften oder zu einzelnen Geschäften im Handelsgewerbe dauernd bestellt sind (Handlungsbevollmächtigte gemäss Art. 47 H.G.B.). Auch zur Anstellung und Entlassung von Prozessbevollmächtigten ist der Prokurist ermächtigt, dagegen nicht zur Bestellung und Entlassung von Prokuristen. (Art. 53 H.G.B.)

§ 11.

In Ansehung der Prokuristen der Handelsgesellschaften ergeben sich Besonderheiten, welche jedoch in der Natur der Handelsgesellschaften begründet sind. So hat beispielsweise die Vertretungsbefugnis des offenen Handelsgesellschafters einen weiteren Umfang (Art. 114 Abs. 1 H.G.B.) als die eines Prokuristen. Der letztgenannte Artikel, welcher bestimmt ist, den materiellen Umfang der Befugnisse eines zur Vertretung der Gesellschaft befugten, bezw. von der Befugnis zur Vertretung der Gesellschaft ausgeschlossenen, Gesellschafters zu bezeichnen, wurde erst in dritter Lesung[1]) aufgenommen. Die Vertretungsbefugnis eines offenen Handelsgesellschafters ist nicht auf den gewöhnlichen Betrieb eines Handelsgewerbes beschränkt, ermächtigt vielmehr zur

---

[1]) Prot. S. 4670.

Vornahme aller Arten von Geschäften und Rechtshandlungen im Namen der Gesellschaft, selbst solcher, die ausserhalb[1]) des Handelsgewerbes der Gesellschaft liegen. Auch in Bezug auf den Grundstücksverkehr findet keine Einschränkung statt, ebensowenig bezüglich der Bestellung eines Prokuristen. Anders der Prokurist Art. 42 Abs. 2.

Der Gesellschafter ist einfach zu allen Arten von Geschäften und Rechtshandlungen im Namen der Gesellschaft ermächtigt. Der Unterschied zwischen dem Gesellschafter und dem Prokuristen ist nicht nur ein quantitativer, sondern ein qualitativer, begrifflicher. Der Prokurist ist bestellter Vertreter, der Gesellschafter ist der geborene Vertreter der Gesellschaft, ist dasjenige Organ, welches für die Gesamtheit der Gesellschafter handelnd auftritt, das gemeinsame Interesse der zur Gesellschaft vereinigten Personen wahrnimmt, für sie sowohl Gesamtrechte erwirbt, wie Gesamtverbindlichkeiten eingeht. Während nun bei der gewöhnlichen Kommanditgesellschaft nach Art. 167 Abs. 3 H.G.B. der zum Prokuristen der Gesellschaft bestellte und in das Handelsregister als solcher eingetragene Kommanditist nur, wenn er sich bei Verhandlungen mit Dritten ausdrücklich als Prokurist geriert, die Gesellschaft verpflichtet, entgegengesetzten Falles aber aus dem für die Gesellschaft geschlossenen Geschäfte gleich einem persönlich haftenden Gesellschafter verpflichtet wird, erklärt Art. 196 Abs. 3 H.G.B. diese Bestimmungen auf Kommanditgesellschaften auf Aktien[2]) nicht anwendbar, so dass bezüglich der von dem zum Prokuristen bestellten Kommanditisten für die Kommanditgesellschaft auf Aktien geschlossenen Geschäfte die allgemeine Vor-

---

[1]) R.G. XXVI. S. 18.

[2]) Fuchsbergers Entscheidungen. I. Das Handelsrecht zu Art. 196 S. 376.

schrift des Art. 52 Abs. 2 H.G.B. zur Anwendung kommt.

§ 12.

Der Prokurist der Aktiengesellschaft unterscheidet sich von dem Vorstande dadurch, dass letzterer gesetzlicher Vertreter der Gesellschaft und deshalb zu allen Rechtshandlungen befugt, der Kreis der Geschäfte des Prokuristen immerhin beschränkt ist z. B. bei Veräusserung von Grundstücken. Der Umfang der in der Prokura enthaltenen Vollmacht erfährt hier eine Erweiterung, welche in dem Wesen der Aktiengesellschaft ihren Grund hat, da gemäss Art. 208 H.G.B. eine Aktiengesellschaft als Handelsgesellschaft gilt, auch wenn der Gegenstand des Unternehmens nicht in Handelsgeschäften besteht. Zur Veräusserung von Grundstücken ist jedoch der Prokurist einer Aktiengesellschaft nicht befugt, da es Geschäfte gibt, welche niemals Handelsgeschäfte sind, auch wenn sie ein Vollkaufmann vornimmt, die Rechtsgeschäfte der Aktiengesellschaften aber immer so angesehen werden, als seien es Rechtsgeschäfte eines Vollkaufmanns, auch wenn die Aktiengesellschaft kein Handelsgewerbe betreibt. Zu den genannten Geschäften gehören die sog. absoluten Nichthandelsgeschäfte des Art. 275 H.G.B. (vor allem Verträge über Grundstücke). Solche Geschäfte sind auch bei Aktiengesellschaften[1]) keine Handelsgeschäfte. Es erstreckt sich gemäss obigem bei Aktiengesellschaften der Umfang der Prokura nicht bloss auf den Betrieb eines Handelsgewerbes, sondern auf den Betrieb eines jeden Gewerbes einer Aktiengesellschaft. Eine Ausnahme bilden freilich Verträge, welche sich auf die Veräusserung oder Belastung von Grundstücken beziehen.

---

[1]) R.O.H.G. XXII. S. 326.

Bezüglich der Liquidation einer Aktiengesellschaft ist zu bemerken, dass die in Art. 234 zugelassene Bestellung von Prokuristen in diesem Falle unstatthaft ist. Denn eine Prokura ist eben unter solchen Umständen begrifflich nicht möglich, da die Liquidationsgesellschaft ein Gewerbe nicht mehr betreibt. Das Verbot ist absolut und bewirkt, dass auch die bestehenden Prokuren erlöschen und abzumelden sind.[1]) Auf Handlungsvollmachten bezieht es sich aber nicht.

§ 13.

Neben den bisher dargestellten, in der Prokuravollmacht enthaltenen positiven Umfangsbestimmungen bedarf es hier einer Erörterung der negativen. Diese negativen Umfangsbestimmungen beziehen sich auf: a)Veräusserunng und Belastung von Grundstücken (Art. 42 Abs. 2 H.G.B.), b) Bestellung und Entlassung von Prokuristen (Art. 53 H.G.B.). Die in der Prokura enthaltene Vollmacht ermächtigt also nicht zur Veräusserung und Belastung von Grundstücken. Hierzu, nicht dagegen zu anderen Verträgen über Immobilien, bedarf der Prokurist noch einer besonderen Vollmacht. Die Erfordernisse und Wirkungen dieser Vollmacht bestimmen sich nach bürgerlichem Rechte. — Die Befugnis, Grundstücke des Prinzipals zu veräussern oder zu belasten, ist nicht als in der juristischen Natur der Prokura begründet anzusehen, da bekanntlich Verträge über Immobilien keine Handelsgeschäfte sind (Art. 275 H.G.B.), sondern zu den Geschäften der Vormünder, Vermögensverwalter etc. gezählt zu werden pflegen. Es kann aber ein Geschäft über eine Immobilie, welche zum Betriebe des Handelsgewerbes in einer Beziehung steht, zum Betriebe selbst gerechnet werden, so z. B. die Anschaffung eines Lagerraumes, eines Fabrikgebäudes oder die Veräusserung

---

[1]) R.O.H.G. XIII. S. 225.

einer für den Geschäftsbetrieb nicht mehr notwendigen oder brauchbaren Immobilie, namentlich die Vertauschung derselben mit einer andern. Es kann auch die Hypothekierung einer Immobilie zwecks eines für das Handelsgeschäft aufgenommenen Darlehens als zum Betriebe des Handelsgewerbes gehörig betrachtet werden. Was den Begriff „Veräusserung" betrifft, so ist darunter nur die Verfügung über die Substanz, nicht aber die Vermietung und Verpachtung zu verstehen, welche als ein obligatorisches Geschäft nicht unter die Belastung fällt. Erwerb, Vermietung, Verpachtung der Immobilien stehen dem Prokuristen auch ohne besondere Vollmacht zu. Dagegen gehört zur Belastung[1]) eines Grundstückes die Vermietung und Verpachtung von Grundstücken dann, wenn dieselben, wie in Preussen, dinglich wirken. Bestellung einer Restkaufgelderhypothek bei Erwerb eines Grundstückes ist dem Prokuristen nicht verboten, da eine derartige Bestellung nicht den Bestimmungen des Art. 42 Abs. 2 entgegensteht. Betrachten wir zur Hervorhebung obiger Ausführungen einen praktischen Fall:

„Ein Prokurist kauft ein Grundstück[2]) für seinen Prinzipal und bestellt für die rückständigen Kaufgelder die vom Verkäufer vorbehaltene Hypothek. Das Gericht hält dies für zulässig. Aus welchem Grunde?" Das Gericht hält hier gemäss obigem die Massnahmen des Prokuristen mit Recht für zulässig und zwar deshalb, weil weder der Kauf eines Grundstückes durch einen Prokuristen, noch die Bestellung einer Hypothek, die sich der Verkäufer für die rückständigen Kaufgelder vorbehalten hat, mit den Bestimmungen des mehrgenannten Art. 42 Abs. 2 im Widerspruch steht und es sich hier nicht um Bestellung einer Hypothek, sondern um den Erwerb eines

---

[1]) Cosack, Handelsrecht S. 77.

[2]) Vorliegender Fall ist der cit. Sammlung der handels- und wechselrechtlichen Fälle von Prof. Dr. E. Sehling in Erlangen entnommen.

mit einer Hypothek belasteten Grundstückes handelt. — In Ansehung aller in der Prokura enthaltenen Befugnisse braucht der Prokurist nicht mit besonderen Vollmachten ausgerüstet zu sein, auch dann nicht, wenn landesgesetzlich Spezialvollmachten vorgeschrieben sind; denn es vermag die in Art. 43 H.G.B. ausgesprochene Unbeschränkbarkeit der Prokura mit den Erfordernissen einer Spezialvollmacht nicht in Einklang gebracht zu werden. Daher erklärt das Gesetz die nach den Landesgesetzen erforderlichen Spezialvollmachten in der Prokura miteingeschlossen. (Art. 47, 460, 512 H.G.B.).

§ 14.

Zu der bereits genannten negativen Umfangsbestimmung der Prokuravollmacht betreffend die Veräusserung und Belastung von Grundstücken kommt als weitere das ausdrückliche Verbot hinzu, ohne Einwilligung des Prinzipals die Prokura auf einen anderen zu übertragen. Eine im Widerspruch mit dieser Vorschrift erteilte Prokura ist nach jeder Richtung wirkungslos[1]). In dieser Vorschrift liegt indes keine eigentliche Beschränkung des Umfangs der Prokura, da einerseits die Erteilung einer Prokura Sache eines besonderen Vertrauens ist und deshalb nicht in ihrem ganzen Umfange ohne Einwilligung des Prinzipals übertragen werden kann, andrerseits aber positiv der Inhalt des Art. 41 H.G.B. massgebend ist, wonach Prokurist nur derjenige ist, welcher von dem Eigentümer einer Handelsniederlassung (Prinzipal) beauftragt wird. Damit ist gesagt, dass nur der Prinzipal[2]) selbst eine Prokura zu gewähren im Stande sein solle.

---

[1]) Prot. 959, 1425.

[2]) Endemanns Handbuch I. § 70 S. 282.

§ 15.

Obwohl nun nach Art. 43 H.G.B. eine Beschränkung des Umfangs der Prokura dritten Personen gegenüber keine rechtliche Wirkung hat, so existiert doch eine scheinbare Ausnahme dieser Unbeschränkbarkeit der Prokura. Es ist dies die Kollektiv-Prokura, von welcher später noch die Rede sein wird. Das Geschäft ist im Falle der Kollektiv-Prokura für den Vollmachtgeber nur dann verbindlich, wenn die Prokuristen es gemeinschaftlich abgeschlossen haben, während ein von einem einzelnen Prokuristen abgeschlossenes Geschäft den Geschäftsherrn nicht verpflichtet. Die in der Kollektiv-Prokura enthaltene Beschränkung der Prokura wirkt nach aussen selbst gegen solche Personen, die sie nicht gekannt haben. Das Gesetz betrachtet übrigens die Kollektiv-Prokura nicht als eine Ausnahme von den Bestimmungen über die Unbeschränkbarkeit der Prokura.

§ 16.

Die Unbeschränkbarkeit der Prokura gilt nur dritten Personen gegenüber; aber die Unbeschränkbarkeit gilt dritten Personen gegenüber absolut. Es steht also hier zwingendes[1]) Recht, ius cogens, in Frage. Was das innere Verhältnis zwischen Prinzipal und Prokurist betrifft, so ist hier der Auftrag das entscheidende. Die Überschreitung seines Auftrages hat der Prokurist dem Prinzipal gegenüber zu verantworten. Die Giltigkeit des Geschäftes wird jedoch dadurch nicht beeinträchtigt, und weder der Prinzipal noch Dritte können sich auf die Überschreitung berufen. Selbst eine Eintragung

---

[1]) Eine Analogie findet sich bei der Aktiengesellschaft, indem die Beschränkung der Befugnisse des Vorstandes einer Aktiengesellschaft in dem Gesellschaftsvertrage oder Beschlusse der Generalversammlung, die Gesellschaft zu vertreten, Dritten gegenüber selbst dann keine Wirkung hat, wenn letztere die Beschränkung kannten (Art. 231 H.G.B.).

der Beschränkung[1]) der Prokura in das Handelsregister ist Dritten gegenüber ohne Wirkung. Auch die Kenntnis

[1]) In der Nürnberger Kommissionssitzung vom 4. Februar 1857 wurde von dem Abgeordneten der Stadt Hamburg hinsichtlich der Vollmacht der Prokura unter anderem geltend gemacht: „Diese Vollmacht müsse aber ganz anders aufgefasst werden, als andere Vollmachten; Bedingungen, Restriktionen, Zeitbestimmungen könnten hiebei nicht geduldet werden, so wenig als bei den Befugnissen eines firmierenden Gesellschafters. Eine solche Vollmacht mache den Inhaber zum alter ego des Prinzipals für dessen Geschäft, gleich dem firmierenden Gesellschafter. Was bei dem Einen unstatthaft sei, müsse es auch bei dem Anderen sein. Bei beiden werde die Zulassung von Restriktionen, die trotz erfolgter Eintragung in die Register dem Publikum namentlich in der Ferne nicht immer bekannt sein könnten, zu Täuschungen führen. Wo man in Prokurengesetzen, wie z. B. in Hamburg Restriktionen zugelassen habe, sei deren Nachteiligkeit hervorgetreten. Von der Prokura müsse dasselbe gelten, wie von der legis actio: non recipit diem vel conditionem. Es dürfe für die Prokura nur ein bestimmtes oder richiger gar kein Formular geben; der Name müsse die Sache bezeichnen. „N. N. ist mein Prokurist“, oder „N. N. zeichnet für mich p. proc.“ müsse bedeuten: „N. N. zeichnet, ohne mein Associé zu sein, meine Firma. Der Charakter des Prokuristen bestehe deshalb in der illimitierten Vollmacht, Verbindlichkeiten für den Prinzipal zu übernehmen, die Firma zu zeichnen. Wer nicht auf Anstellung eines Prokuristen für einen besonderen Handelszweig, also für einen beschränkten Kreis von Geschäften verzichten wolle, müsse deshalb für den Letzteren eine eigene Firma wählen. Eine solche Auffassung gewähre in ihrer Durchführung auch eine grosse Erleichterung; denn es bedürfe dann nicht mehr der Eintragung und der Einsicht von Vollmachten; der Name „Prokurist“ und die desfallsige Eintragung in das Handelsregister, welche denn sehr bequem alphabetisch geordnet werden könne, gebe Aufklärung genug darüber, welche Befugnisse derselbe habe. Ein solches Repertorium mit dem Vormerken hinsichtlich des Widerrufs müsse sich auf der Börse und dem Handelsgerichte vorfinden und die erforderlichen Nachtragungen in dasselbe geschehen. Von dieser Seite der Vollmacht sei aber der Begriff im Entwurfe nicht aufgefasst, da er den Faktor materiell als einen Geschäftsführer hinstelle. Jeder Bursche auf dem Comptoir könne seinen Herrn verpflichten, wenn er in einer ihm aufgetragenen Funktion thätig sei. Beispiele enthielten die Art. 50 und 53.

des Dritten von der Beschränkung vermag dieselbe nicht rechtswirksam zu machen. Eine exceptio (replicatio) doli ist jedoch unter solchen Umständen nur im Falle doloser Kollusion[1]) zulässig. Hat also z. B. ein Prokurist im Namen des Prinzipals oder einer offenen Handelsgesellschaft ein Rechtsgeschäft abgeschlossen (Art. 43, 116, 138 — 231 H.G.B.), so ist dasselbe nur dann Dritten gegenüber nicht rechtsverbindlich, wenn die durch das Gesetz gegebene Vertretungsbefugnis in der Absicht gebraucht wurde, sich oder anderen zum Nachteile des Prinzipals, bezw. der Gesellschaft, einen rechtswidrigen Vorteil zu verschaffen, die Vertretungsbefugnis mithin von dem Vertreter missbraucht wurde und der Dritte an diesem dolus des Vertreters sich beteiligte, d. h. absichtlich zum Nachteile des Prinzipals, bezw. der Gesellschaft, mit ihm kolludiert hat, so dass nach allgemeinen Rechtsgrundsätzen die exceptio doli gegen ihn begründet[2]) erscheint.

Aber diese, die alle Handlungsgehilfen von verschiedenem Grade und Range seien, könnten nur innerhalb der Grenze ihres Auftrages verpflichten, der Prokurist thue dies unlimitiert. Dadurch sei nicht ausgeschlossen, dass er daneben Handlungsdiener, Kassier etc. sei; er könne aber auch recht wohl nichts von allem dem, ein Verwandter, ein Freund sein. Daraus folge, dass Prokuristen und Handlungsdiener nicht zusammen gehörten; nur Erstere gehörten ins Handelsregister; von Letzteren gelte, was Art. 50 enthalte. Eigentümlich sei ferner, dass nach dem Entwurfe nicht alle Prokuren, sondern nur die etwaigen Beschränkungen derselben und ihr Widerruf in die Handelsregister eingetragen werden sollten; es gebiete sich von selbst, dass alle Prokuren eingetragen würden; Beschränkungen dürfe es nicht geben, sondern nur beschränkte Vollmachten, die wesentlich von Prokuren verschieden seien, deren Inhaber auch nicht p. proc. die Firma, sondern nur mand. nomine oder „in Vollmacht“ zeichnen dürften (Prot. S. 74, 75).

[1]) R.O.H.G. VI. (27) S. 131 — 140.

[2]) R.O.H.G. V. (65) S. 295 flg., VI. (27) S. 131 flg., VII. (104) S. 403 flg., IX. (117) S. 429 flg., XIX. (98) S. 334 flg., R.G. (34) S. 148, 149.

§ 17.

Der Prokurist der offenen Handelsgesellschaft hat die Befugnis, die Gesellschaft zu vertreten, jedoch nicht in gleichem Umfange, wie ein Gesellschafter; allein seine Vertretungsrechte sind die umfassendsten, die überhaupt Jemand haben kann, der nicht Gesellschafter ist. Für den Prokuristen der Aktiengesellschaft ist es keine unzulässige[1]) Beschränkung seiner Vollmacht, wenn derselbe ermächtigt wird, in Verbindung mit einem Vorstandsmitgliede der zu vertretenden Gesellschaft zu handeln. Der Prokurist der Kommanditgesellschaft auf Aktien ist unter Beachtung der im Gesetze ausdrücklich bestimmten Ausnahmen zur Vornahme aller Handlungen berechtigt, welche ein persönlich haftender Gesellschafter vornehmen kann. Der einzelne Kommanditist ist nicht mit der Gesellschaft zu identificieren; er ist auch[2]) nicht Prinzipal des Prokuristen.

IV. Rechtswirkungen — Firma.

§ 1.

Die Rechtswirkung der auf Grund des Prokuraverhältnisses abgeschlossenen Geschäfte wird in Art. 52 H.G.B. behandelt und zwar nach folgenden Gesichtspunkten: Abs. 1: Durch das Rechtsgeschäft, welches ein Prokurist gemäss der Prokura im Namen des Prinzipals abschliesst, wird der letztere dem Dritten gegenüber berechtigt und verpflichtet. Es wird also hier bestimmt, dass lediglich der Prinzipal die Rechte und Pflichten erwirbt. Abs. 2 des genannten Artikels besagt, dass dem ausdrücklichen Kontrahieren des Pro-

---

[1]) R.O.H.G. VIII. (80) S. 339.
[2]) R.O.H.G. VII. (107) S. 415, 416, 417.

kuristen im Namen des Prinzipals gleichstehe, wenn sich ein solches Kontrahieren aus den Umständen, also durch konkludente Handlungen, ergebe. Nach Abs. 3 des Artikels sind etwaige Rechtswirkungen zwischen dem Prokuristen und dem Dritten ohne Bedeutung.

§ 2.

Art. 41 des Entw. eines H.G.B. für die preuss. Staaten lautet: „Durch das Rechtsgeschäft, welches ein Faktor auf Grund seines Auftrags im Namen des Prinzipals schliesst, wird der Prinzipal dem Dritten gegenüber ebenso verpflichtet, als wenn er das Geschäft selbst geschlossen hätte. Zwischen dem Faktor und dem Dritten erzeugt das Geschäft keine Rechte und Verbindlichkeiten. — Dieselben Grundsätze kommen zur Anwendung, wenn der Faktor, dessen Eigenschaft dem Dritten bekannt war, das Geschäft zwar nicht ausdrücklich im Namen des Prinzipals geschlossen hat, gleichwohl aber die Umstände ergeben, dass es für das Handelsgewerbe des letzteren geschlossen wurde.“ Nach dem preuss. Entw. wird also das Geschäft, welches der Bevollmächtigte abgeschlossen hat, gerade so angesehen, als wenn der Prinzipal das Geschäft selbst geschlossen hätte. Die Person des Beklagten tritt dabei ganz zurück. Die Schlussfolgerung, dass der dolus und die mala fides des Bevollmächtigten, dessen Irrtum u. s. w. bedeutungslos seien, ist durchaus berechtigt. Die Kommission zur Beratung eines allgem. deutschen H.G.B. beschloss deshalb die Worte: „ebenso als wenn er das Geschäft selbst geschlossen hätte“, zu streichen. Man ging hiebei von der Ansicht aus, es gehe der Ausdruck „dass der Prinzipal so verpflichtet werde, als wenn er das Geschäft selbst geschlossen habe“, zu weit, indem nun das abgeschlossene Geschäft in allen Beziehungen nach der Person des Prinzipals zu beurteilen sein werde, also z. B. eine mala fides, eine Wissenschaft des Prokurainhabers von den Fehlern der erkauften Ware dem Prinzipal nicht schaden würde, wenn dieser sich nicht in gleicher Lage befinde. Es sei bedenklich, die über die Stellvertretung im Civilrechte bestehenden Kontroversen durch Annahme und Sanktionierung der vielbekämpften Savignyschen[1]) Theorie zu entscheiden, daher die vorgeschlagene modifizierte Fassung lediglich die Pflicht der Erfüllung der vom Inhaber der Prokura eingegangenen Verpflichtungen statuiere. — Die Fassung des Abs. 1 Art. 52 H.G.B. wurde gewählt[2]), um einerseits die Frage, ob der Prinzipal aus den vertragsmässigen Geschäften unmittelbar Rechte und Pflichten erlange, oder nur ex iure cesso klagen könne, in dem ersterwähnten Sinne zu entscheiden, und um andererseits die im Civilrecht bestehenden Streitfragen, ob das Geschäft in allen Beziehungen nach der Person des Prinzipals zu beurteilen sei, offen zu lassen. Art. 52 H.G.B. setzt ein Handeln gemäss der Vollmacht voraus. Für den Begriff der Vollmacht sind die Art. 41, 47 H.G.B massgebend. Auf den Auftrag kommt es nicht an, und es ist gleichgiltig, ob der Prokurist einen Auftrag hatte oder denselben bewusst überschreitet oder den Inhalt desselben missverstanden[3]) hat. Dagegen darf nicht ein gegen Treue und Glauben verstossender Missbrauch[4]) eines Missverständnisses vorliegen. Erforderlich ist aber die Existenz[5]) der Vollmacht, d. h. sie darf nicht giltig, erkennbar widerrufen oder erloschen sein. Eine weitere Voraussetzung ist ferner ein Handeln im Namen des Prinzipals, wobei erforderlich ist, dass beide Parteien darüber konsentieren[6]) müssen, dass das Geschäft für

[1]) Prot. S. 78.

[2]) Prot. S. 78; R.O.H.G. XV. S. 303; R.O.H.G. VI. S. 409.

[3]) Vgl. R.G. I. S. 9.

[4]) R.O.H.G. XXXXVII. S. 228.

[5]) Vgl. Staub, Kommentar zum H.G.B. Anm. zu Art. 52 S. 76.

[6]) R.O.H.G. XVI. S. 356.

den Prinzipal geschlossen werden solle. Ein Handeln für Rechnung des Prinzipals genügt nicht, da nur der Bevollmächtigte berechtigt[1]) und verpflichtet[2]) wird, wenn es am Handeln im Namen des Prinzipals fehlt. Die Wirkungen des Geschäftes treffen die Person des Prinzipals; er allein wird durch das gemäss der Vollmacht in seinem Namen abgeschlossene Geschäft berechtigt und verpflichtet. Mit diesem Satze hat das deutsche H.G.B. das in Preussen gesetzlich und im Gebiete des gemeinen Rechtes gewohnheitsrechtlich geltende Prinzip der direkten Stellvertretung adoptiert. Ein ausdrückliches Kontrahieren im Namen des Prinzipals wird nicht gefordert; es genügt die Konkludenz der Umstände.

§ 3.

Der Art. 52 H.G.B. berührt die Frage nicht, inwieweit der Prinzipal durch nützliche Verwendungen seiner Bevollmächtigten aus dem Vermögen Dritter verpflichtet wird und wieweit er durch Rechtsgeschäfte seines Prokuristen, welche dieser unter Überschreitung seiner Vollmacht geschlossen hat, dadurch berechtigt oder verpflichtet wird, dass er dieselben nachträglich[3]) genehmigt oder sich die daraus entspringenden Vorteile aneignet.

[1]) R.O.H.G. XXIII. S. 57.

[2]) R.G. II. S. 166.

[3]) In der Nürnberger Kommissionssitzung vom 5. Februar 1857 wurde bezüglich dieser Frage geltend gemacht: „Auf die Anregung, ob nicht mit Rücksicht darauf, dass Art. 41 bestimme, welche Folgen ein der Vollmacht entsprechender Vertrag für den Prokuristen habe, nun auch in einem weiteren Artikel Verfügung darüber getroffen werden solle, in welchen Fällen ein über die Vollmacht hinausgehender Vertrag den Prinzipal verpflichte, ob deshalb nicht nach dem Vorgange des § 1016 des österreichischen Civilgesetzbuches eine Bestimmung darüber in das Gesetz aufzunehmen sei, dass der Prinzipal auch durch diejenigen Geschäfte verpflichtet werde, welche der Bevollmächtigte mit Überschreitung seiner Vollmacht vorgenommen habe, sofern er dieselben ge-

§ 4.

Einige Spezialfragen mögen hier dargestellt werden: Die von einer Ehefrau an ihren Mann als Prokuristen oder Teilhaber an einer offenen Handelsgesellschaft auf Grund eines von ihr der Firma zugesagten Darlehens gemachte Zahlung gilt als eine der Firma[1]) geschehene Zahlung, und die Ehefrau hat nicht das Recht, dagegen einzuwenden, dass darin eine Verletzung des Verbotes der eheweiblichen Intercession liege, weil dies eine exceptio de iure tertii involviert. — Hat ein Prokurist, während er Prokura hatte, ein Wechsel-Accept in blanco gezeichnet und ausgehändigt, so verpflichtet es den Prinzipal, auch wenn der Nehmer das Datum der Ausstellung auf einen[2]) nach der Beendigung der Prokura liegenden Tag ausgefüllt hat. — In Ansehung der Haftung des Prinzipals für den von seinem Prokuristen verursachten Schaden ist zwischen kontraktlichem und ausserkontraktlichem Schaden zu unterscheiden. Für den kontraktlichen Schaden, welchen der Prokurist doloser oder kulposer Weise angerichtet hat, haftet der Prinzipal schlechtweg. Dies gilt sowohl bei Eingehung wie bei Erfüllung des Geschäftes.

§ 5.

Unser deutsches H.G.B. lässt die Frage unberührt, inwieweit der Prinzipal für absichtliche oder fahrlässige

nehmige oder den aus dem Geschäfte entspringenden Vorteil sich zuwende, wurde einstimmig beschlossen, von einer solchen Bestimmung Umgang zu nehmen, weil die angeregte Frage nicht sowohl hieher als in die Lehre von den Vollmachtsverträgen gehöre, an welcher Stelle sie auch in den Civilgesetzbüchern behandelt sei, dann aber auch deshalb, weil eine solche Bestimmung in einer ausdrücklichen Anwendung auf Handelsgeschäfte leicht dazu führen könne, dass gegen die Absicht des Gesetzes dem Art. 41 Abs. 2 eine zu enge Bedeutung gegeben werde". (Prot. S. 84.)

[1]) R.O.H.G. I. (18) S. 62, 64.

[2]) R.G. XI. S. 5.

Beschädigungen haftet, welche sein Prokurist oder Handlungsgehilfe ausser dem Falle eines Vertrages in Ausführung eines von dem Prinzipale aufgetragenen Geschäftes verursacht.[1]) Ob der Prinzipal für den durch

[1]) In der Nürnberger Kommissionssitzung vom 21. November 1860 wurde bei Beratung des Art. 53[a]) s. S. 58 für Streichung des Artikels angeführt: „Die in diesem Artikel enthaltene Bestimmung sei aus dem französischen Rechte übertragen. In der französischen Gesetzgebung finde sich der dem Art. 53 zu Grunde liegende Rechtssatz, aber nicht allein im Handelsrechte, sondern im bürgerlichen Rechte überhaupt und sei daselbst, wenn auch noch strenger als Art. 53, so doch auch bestimmter und deutlicher als dieser Artikel. In den übrigen in Deutschland geltenden Civilrechten finde sich ein ähnlicher Satz dagegen nicht. Art. 53 würde somit diese Gesetzgebungen durchbrechen und dadurch Unzuträglichkeiten herbeiführen, die um so fühlbarer sein würden, als es an allen Zweckmässigkeitsgründen dafür fehle, einen solchen Ausnahmssatz für das Handelsrecht allein zu statuieren und denselben noch dazu auf Verschuldungen der Prokuristen und Handlungsbevollmächtigten zu beschränken, bezüglich der Verschuldung von Handlungsgehilfen aber nicht anzuerkennen, obschon er gerade rücksichtlich dieser weit mehr als rücksichtlich der Prokuristen und Handlungsbevollmächtigten praktisch erheblich sein würde, weil es sich nicht um Verschuldungen bei Kontraktsabschlüssen, für welche der Prinzipal schon aus anderen Gründen einstehen müsse, sondern um Schäden durch faktische Verrichtungen handle. Dazu komme noch, dass die Entscheidung der Frage, ob das Verschulden in Ausübung des Geschäfts verübt worden sei, oder ob das Geschäft nur die Gelegenheit geboten habe, in den meisten Fällen mit grossen Schwierigkeiten verbunden sein würde, dass die Gerichte diese Frage voraussichtlich in der verschiedensten Art beantworten würden, eine Rechtseinheit somit doch nicht zu erwarten sei. Nur der bis jetzt nur für Frachtgeschäfte angenommene Satz scheine sich für das Handelsrecht zu empfehlen, dass nämlich, wer eine Obligation zu erfüllen habe, bei deren Nichterfüllung sich nicht darauf berufen könne, dass er sich bei der Erfüllung seiner Leute bedient habe und dieselbe durch deren Verschulden unterblieben oder mangelhaft ausgefallen sei; dagegen gehe Art. 53 zu weit.

Von anderen Seiten wurde hingegen, unter Hinweisung auf die bei der ersten Lesung für diesen Artikel geltend gemachten

Fahrlässigkeit des Prokuristen ausserhalb eines Vertrages angerichteten Schaden haftet, darüber spricht sich das Reichsgericht aus in R.G. XV. S. 125: Es ist fortgesetzt angenommen worden, dass aus dem Handelsgesetzbuche keine Verantwortlichkeit des Prinzipals für ein schuldhaftes Versehen seiner Vertreter bei ihren faktischen Verrichtungen — im Gegensatz zu Verletzungen des Gegenkontrahenten bei Eingehung oder Erfüllung von

---

Gründe, hervorgehoben: In Bezug auf den Gegenstand des Art. 53 bestehe in dem gemeinen Rechte eine Lücke, welche mit Rücksicht auf die Verhältnisse des Lebens der neueren Zeit einer Ausfüllung bedürfe; diese Lücke mache sich insbesondere auf dem Gebiete des Handels fühlbar, weil der Verkehr zwischen den Kaufleuten regelmässig mittelst der von ihnen angestellten Leute stattfinde; das Prinzip des Art. 53 sei nun aber in vielen Fällen durchaus angemessen und dem Handelsstande nützlich, z. B. im Fall einer Kollision von zwei Flussschiffen, indem es dem Beschädigten wenig nütze, dass er wohl an den nachlässig gewesenen Schiffer, nicht aber an den Eigentümer des Schiffs einen Anspruch habe, oder wenn ein Handlungsgehilfe beim Indossieren eines Wechsels ein anderes wertvolles Indosso ausstreiche etc.; die Fassung des Artikels sei enge gehalten, eine bestimmtere Fassung sei weder möglich noch nötig; für die Anwendung bleibe dem richterlichen Ermessen ein Spielraum, den das Gesetz nicht ausschliessen könne und der hier weit weniger gefährlich sei als z. B. in Art. 24 Abs. 3.[b])

Schliesslich wurde die Streichung des Artikels mit 8 gegen 6 Stimmen genehmigt.“ (Prot. S. 4518.)

a) Art 53 (42) [52]α) lautet: „Der Prinzipal ist für den Schaden verantwortlich, welchen der Prokurist oder Handlungsbevollmächtigte einem Dritten durch sein Verschulden in Ausführung eines Geschäfts zufügt, auf welches sich der Auftrag erstreckt.“

b) Art. 24 [27] Abs. 3 lautet: „Ist die Eintragung und Bekanntmachung geschehen, so muss ein Dritter die Änderung oder das Erlöschen gegen sich gelten lassen, sofern nicht die Umstände die Annahme begründen, dass er diese Thatsachen weder gekannt habe noch habe kennen müssen.“

α) Die in ( ) eingeklammerten Zahlen bezeichnen die Artikel des preussischen Entwurfs, die in [ ] eingeklammerten die des Entwurfs der Redaktionskommission nach der ersten Lesung.

Verträgen — herzuleiten sei, und dass eine solche Verantwortlichkeit auch aus den Grundsätzen der bürgerlichen Rechte, abgesehen vom Art.[1]) 1384 code civil, nicht hervorgehe, weil es an einem Rechtssatz hierüber fehle und die Übertragung eines Wirkungskreises nur auf Vornahme erlaubter Handlungen zu beziehen sei. Das Reichsgericht citiert hierbei eine Entscheidung des II. Civilsenats, betreffend den Betrieb eines Verlagsgeschäfts seitens einer Wittwe durch einen Handlungsbevollmächtigten, wobei angenommen wurde, dass der von letzterem mit Fahrlässigkeit[2]) verübte Nachdruck die Prinzipalin nicht ersatzpflichtig mache. Von diesem Gesichtspunkte billigt das Reichsgericht in dieser Entscheidung die Auffassung des R.O.H.G. XXV. S. 347, wonach eine dolos falsche Auskunftserteilung des Handlungsbevollmächtigten den Prinzipal nicht haftbar mache, wenn das Auskunftserteilen nicht zum Gewerbe des Prinzipals gehört. Anders würde sich die Sache gestalten, wenn der Bevollmächtigte in einem Auskunftsbureau eine solche Auskunft erteilen würde.

---

[1]) Art. 1384 Code civil hat folgenden Wortlaut: „On est responsable non seulement du dommage que l'on cause par son propre fait, mais encore de celui qui est causé par le fait des personnes, dont on doit répondre, ou des choses, que l'on a sous sa garde. — Le père, et la mère après le décès du mari, sont responsables du dommage causé par leurs enfans mineurs habitant avec eux; — Les maîtres et les commettans, du dommage causé par leurs domestiques et préposés dans les fonctions auxquelles ils les ont employés; — Les instituteurs et les artisans, du dommage causé par leurs élèves et apprentis pendant le temps qu'ils sont sous leur sur — veillance. — La responsabilité ci-dessus a lieu, à moins que les père et mère, instituteurs et artisans, ne prouvent qu'ils n'ont pu empêcher le fait qui donne lieu à cette responsabilité."

[2]) Staub, Kommentar zum H.G.B. S. 79.

§ 6.

Inwieweit der Prinzipal von den Geldstrafen und Konfiskationen betroffen wird, welche gegen seinen Prokuristen wegen Zollvergehen in Handelssachen erkannt werden, bestimmen die Zollgesetze.[1]) — Was die Beschädigungen betrifft, welche auf ein Versehen des Prokuristen bei Ausführung seines Auftrages zurückzuführen sind, so haftet[2]) der Prinzipal auch für diese. — Es ist hier auch die Frage zu erörtern, ob der Betrug des Prokuristen den Prinzipal haftbar mache. Nach dem heutigen gemeinen Rechte umfasst die direkte Kontraktsklage gegen den Geschäftsherrn die ganze durch den Vertragsabschluss des Prokuristen begründete Kontraktsobligation, und wie ein Irrtum, ein gegen den Prokuristen geübter Zwang oder ein gegen diesen verübter Betrug dem Geschäftsherrn nützt, so muss logisch Unehrlichkeit, Verschuldung, Arglist des Prokuristen dem Geschäftsherrn schaden, ohne Rücksicht darauf, ob es sich um eine Obligation oder eine Liberalität handelt. Diese Grundsätze des heutigen gemeinen Rechtes hat das deutsche H.G.B. in den Art. 52, 298, 241, 360 recipiert. Da also der Prinzipal aus dem Geschäfte des Prokuristen nicht iure cesso, sondern sofort Rechte und Verbindlichkeiten erlangt, so wird dem Prinzipal eine bei dem Vertragsabschlusse von seinem Prokuristen verübte Betrugshandlung gerade so zugerechnet, als hätte er sie selbst begangen, und es steht somit gegen ihn der Anspruch daraus in demselben Umfange[3]), wie gegen den Prokuristen, zu.

§ 7.

Während nun Art. 52 H.G.B. die Rechtswirkungen zwischen dem Prinzipal und dem Dritten zum Gegen-

[1]) R.O.H.G. XVI. S. 31.

[2]) R.G. XXVI. S. 109.

[3]) R.O.H.G. VI. (91) S. 403—412.

stande hat, bezieht sich Art. 56[1]) H.G.B. lediglich auf das Verhältnis zwischen Prinzipal und Prokurist. Der genannte Artikel verbietet dem Prokuristen und generellen Handlungsbevollmächtigten das Betreiben von Handelsgeschäften für eigene Rechnung oder für Rechnung eines Dritten. In Abs. 1 cit. Art. wird das Verbot ausgesprochen, in Abs. 2 ein Hauptfall der stillschweigenden Einwilligung hervorgehoben. Abs. 3 bezeichnet die Folgen der Übertretung der Bestimmungen des Artikels. Die Frage, in wessen Namen zu kontrahieren sei, wird in dem Artikel nicht berührt, weshalb es darum dem Prokurist auch nicht untersagt ist, in eigenem Namen zu kontrahieren, sobald er nur für Rechnung des Prinzipals kontrahiert. Das Verbot des Art. 56[2]) H.G.B. betrifft übrigens nur Handels-

[1]) In der Nürnberger Kommissionssitzung vom 5. Februar 1857 wurde bei der Diskussion des Art. 46 — es ist der Art. 46 des preussischen Entwurfes, welcher, abgesehen davon, dass er statt des Ausdruckes „Prokurist oder Handlungsbevollmächtigter" den Ausdruck „Faktor" gebraucht, mit Art. 55 des Entwurfs nach den Beschlüssen der zweiten Lesung, mit Art. 54 des Entwurfs der Redaktionskommission nach der ersten Lesung, endlich mit Art. 56 unseres allgemeinen deutschen H.G.B. übereinstimmt — erwähnt, dass der letzte Satz undeutlich sei, weil er nicht ersehen lasse, ob der Prinzipal das Recht haben solle, in den Vertrag des Prokurainhabers mit dem Dritten einzutreten, oder nur das Recht, von dem Prokurainhaber den gezogenen Gewinn zu verlangen. Hierauf wurde bemerkt, dass es nicht beabsichtigt sei, dem Prinzipal lediglich eine Klage gegen den Faktor auf Herauszahlung des gezogenen Gewinnes, der von ihm oft nicht werde beigetrieben werden können, zu geben, dass aber die Frage, ob der Prinzipal eine actio utilis gegen den Dritten haben oder zuvor den Prokuristen auf Cession der Klage belangen solle, endlich binnen welcher Zeit ein solcher Anspruch geltend zu machen sei, als eine offene der Partikulargesetzgebung und der Wissenschaft zu überlassen wäre, und es wurde in diesem Sinne der Art. 46 angenommen." (Prot. S. 87.)

[2]) In Ansehung der Vorschriften des Art. 56 H.G.B. steht dem Prinzipal eine Klage auf künftige Unterlassung, insbesondere Schliessung (R.O.H.G. XIX. S. 138) des unbefugt etablierten Geschäftes zu.

geschäfte, jedoch ohne Rücksicht darauf, ob dieselben mit den vom Prinzipal anvertrauten gleichartige sind oder nicht. So darf z. B. der Prokurist eines Papiergeschäfts kein Börsenspekulationsgeschäft machen; auch trifft das Verbot einzelne Geschäfte. In dem in Abs. 2 Art. 56 H.G.B. hervorgehobenen Hauptfall der stillschweigenden Einwilligung des Prinzipals ist implicite ausgesprochen, dass die Einwilligung einer bestimmten Form nicht bedarf, vielmehr aus der Konkludenz der Umstände gefolgert werden darf. Der Rechtsschutz des Prinzipals gegen Zuwiderhandlungen des Verbots des Art. 56 H.G.B. besteht in dem Anspruch auf Schadenersatz und Eintrittsrecht. Aus den Worten des Abs. 3 des Artikels lässt sich nicht mit Sicherheit entnehmen, ob die beiden Ansprüche dem Prinzipal kumulativ zustehen. Es lässt jedoch Art. 97 H.G.B., in welchem sich ausdrücklich die Worte „statt dessen“ finden, die Schlussfolgerung zu, dass das Gesetz dem Prinzipal beide Rechte neben einander geben will.

§ 8.

Das Eintrittsrecht des Prinzipals bezieht sich nur auf Geschäfte, welche der Prokurist für eigene Rechnung abgeschlossen hat. Es wird hiebei ein bestehendes, noch nicht gelöstes Vollmachtsverhältnis vorausgesetzt. Die Wirkung des Eintritts besteht darin, dass der Mandatar das Ergebnis des Geschäftes auf den Prinzipal zu übertragen hat. Aufwendungen, die der Prokurist darauf gehabt hat, muss der Prinzipal natürlich ersetzen. Wie bei dem Mandat, so besteht nach preuss. Rechte auch bei dem Dienstvertrage zwischen dem Prinzipal und dem Gehilfen beiderseits freies Rücktrittsrecht. Der ausdrücklich oder durch konkludente Handlungen erklärte Rücktritt schliesst die Klage auf Erfüllung gegen den Rücktretenden aus und erzeugt nur die Klage auf Schadenersatz[1]), wenn der Rücktritt vorzeitig oder ohne triftigen Grund erfolgt ist. In Ansehung der Konkurrenzverbote[2]) gestattet das Gesetz, dass das Verbot des Art. 56 H.G.B. auch über das Dienstverhältnis hinaus stipuliert[3]) werde.

§ 9.

Die Firma des Prinzipals, der jetzt gedacht werden soll, erleidet durch die Prokuraerteilung einen Zusatz dergestalt, dass der Prokurist der Firma des Prinzipals einen die Prokura andeutenden Zusatz, sowie seinen Namen, beifügt (Art. 44 Abs. 1 H.G.B.). Abs. 2 des Artikels spricht sich darüber aus, in welcher Weise Kollektiv-Prokuristen zeichnen sollen. Die Bestimmungen des Art. 44 H.G.B. beruhen indes nicht auf zwingendem Rechte, sind vielmehr nur als Ordnungsvorschrift anzusehen. Hinsichtlich dieser Frage wurde in der Kommissionssitzung vom 9. Oktober 1857[4]) hervorgehoben, „dass es der Absicht der Versammlung nicht entspreche, zu sagen, dass die Handlung des Prokuristen unter allen Umständen nicht rechtsverbindlich sei, wenn nicht in der vorgeschriebenen Art gezeichnet worden, da vielmehr hier nur eine Ordnungsvorschrift über die Art gegeben werde, wie der Prokurist gewöhnlich zeichnen solle. Auch das Reichsoberhandelsgericht hat dieser Meinung beigepflichtet, indem es wiederholt aussprach, dass die Rechtswirksamkeit der Zeichnung von der Beobachtung der hier vorgesehenen Form nicht abhänge, dass vielmehr eine Verpflichtung des Prinzipals auch dann vorhanden sei, wenn die Firma ohne Zusatz[5]), oder der Name des

---

[1]) R.O.H.G. XVI. S. 111.
[2]) Staub zu Art. 59 S. 91—93.
[3]) Staub zu Art. 56 S. 84, 85.
[4]) Prot. S. 593.
[5]) R.O.H.G. X. S. 56 XII. S. 133.

Prokuristen ohne Firma gezeichnet, oder wenn die Formvorschrift nur teilweise[1]) befolgt ist, z. B. p. p. ohne den Namen des Prokuristen, oder der Name des Prokuristen mit vorgedruckter[2]) Firma, oder endlich gar der Name des Prokuristen allein, wenn nur die Konkludenz der Umstände ergibt, dass er als Prokurist gehandelt habe. Daraus folgt auch, dass eine Wechselunterschrift[3]) nicht ungiltig wird, wenn der Prokurist lediglich die Firma ohne Zusatz oder mit dem blossen Zusatze p. p. ohne seinen Namen gezeichnet hat. — Die Ordnungsvorschrift des Art. 44 H.G.B., welcher dieses Prinzip mit Art. 48 H.G.B. gemeinsam hat, dient nur zur Sanktionierung einer verkehrssichernden Übung mit der Wirkung, dass, wo diese Form beobachtet ist, darüber Gewissheit obwaltet, dass eine Rechtshandlung in Vertretung des Prinzipals vorgenommen worden ist, dass es dagegen nicht die Absicht gewesen ist, die Rechtsgiltigkeit einer schriftlichen Willenserklärung oder die Frage, ob solche im Namen und in Vertretung des Prinzipals erfolgt sei, von der Beobachtung dieser Form abhängig[4]) zu machen. Eine Entscheidung des Reichsoberhandelsgerichtes vom 12. März 1872 (in R.O.H.G. V. (58) S. 263—271) spricht sich hierüber folgendermassen aus: „Allerdings ist es meist üblich gewesen, der Firma-Zeichnung eines Vertreters einen Zusatz beizufügen, aus welchem die Stellung des Zeichnenden zum Repräsentierten erkennbar. Diese Beweis-erleichternde, Verkehr-sichernde Übung hat in den Art. 44 und 48 des H.G.B. insofern Ausdruck gefunden, als in ihnen verordnet ist, dass der Firmazeichnung ein die Prokura, resp. die Vollmacht, ausdrückender Zusatz, der Zeichnung

---

[1]) R.O.H.G. XVIII. S. 99.

[2]) R.O.H.G. XIV. S. 319.

[3]) R.O.H.G. XVIII. S. 100.

[4]) R.O.H.G. XII. (45) S. 133, 134; X. (9) S. 56, 57; IX. (65) S. 215; XVII. (94) S. 402.

des Prokuristen auch dessen Name beigefügt werden soll. Aber es ist nicht die Absicht gewesen, von der Beobachtung dieser Art der Zeichnung die Rechtsbeständigkeit der letzteren abhängig zu machen. Vielmehr ist die Bestimmung im Art. 44 des Entwurfs erster Lesung, welche diese Art der Zeichnung zur Rechtsgiltigkeit der letzteren erforderte, deshalb in die jetzige Vorschrift umgeändert, weil es nur auf eine „Ordnungsvorschrift", nicht aber auf eine Disposition über die civilrechtliche Giltigkeit der Zeichnung abgesehen war." Das Bedenken, es werde sich bei Einzelfirmen (z. B. A. p. p. B.) nicht erkennen lassen, welcher Name die Firma, und welcher den Prokuristen bezeichne, erledigt sich dadurch, dass zuerst die Firma gezeichnet werden muss.[1])

§ 10.

Der Prokurist hat seine Firmenzeichnung zur Eintragung in das Handelsregister einzureichen. (Art. 45 Abs. 2 H.G.B.) Ein blosser Stempeldruck der Firma genügt nicht. Dies gilt auch für die Aktiengesellschaft. Es wurde bereits an früherer Stelle darauf hingewiesen, dass die Eintragung der Prokura für ihre Erteilung und Existenz nicht wesentlich, sondern nur als Ordnungsvorschrift angeordnet sei. Die Eintragung in das Handelsregister hat eine rechtsgiltige Bestellung des Prokuristen zur Voraussetzung. Fehlt eine solche, so ist die Prokura trotz der Eintragung unwirksam. Der Eintrag des Namens des Prokuristen beweist uns, dass die Prokura ein der öffentlichen Kenntnis überwiesenes Verhältnis darstellt. Über die Person des Prokuristen und die gegebenen Vollmachten soll volle Publizität herrschen. Diese Vorschrift wäre jedoch bedeutungslos, wenn der Umfang jener Vollmachten nicht über jeden Zweifel erhaben sein würde und in jedem Falle einer besondern Interpretation bedürfte.

[1]) Makower, Note 9b zu Art. 44.

Dadurch wären aber für die Kenntnis des beteiligten Publikums keine sicheren Anhaltspunkte gegeben. Dies konnte nur dadurch erreicht werden, dass der Umfang der Prokura durch das Gesetz unabänderlich bestimmt wurde und somit der Willkür der Parteien entrückt war. Bei der Bekanntmachung, wie bei der Erteilung der Prokura ist daher das Wort „Prokura“ das entscheidende[1]), ein Wort, welches, wenn einmal ausgegesprochen, eine Diskussion der Parteien darüber, was sie eigentlich unter jenem Worte verstanden, nicht mehr zulässt.

In der Kommissionssitzung zu Nürnberg[2]) am 5. Februar 1857 war man bezüglich der Frage, ob auch die Eintragung aller Vollmachten, welche nicht Prokuren sind, in ein hiefür bestimmtes Repertorium bei den Handelsgerichten verlangt oder doch freigelassen werden solle, der Ansicht, dass zu keinem von beiden ein Bedürfnis bestehe, weil der dritte Kontrahent von solchen Bevollmächtigten immer die Vorzeigung der Vollmachten verlangen könne, und dass beide Massregeln zu erheblichen Belästigungen führen müssten. Wo aber an einem Platze einmal ausnahmsweise ein Bedürfnis bestehe, könne das Nötige z. B. durch Anschlag an der Börse vorgesehen werden. Es wurde deshalb einstimmig beschlossen, dass eine Verpflichtung zur Eintragung solcher Vollmachten nicht auszusprechen, und mit 14 gegen 1 Stimme, dass auch für freiwillige Einträge Register nicht zu eröffnen seien. Die Anmeldung behufs Eintragung muss bei dem Handelsgerichte des Bezirks erfolgen, in welchem die Handelsniederlassung ihren Satz hat, ohne Rücksicht auf das Domizil des Prinzipals. (Art. 19 H.G.B.)

§ 11.

Der Thatsache, dass die Anwendung des Instituts der Prokura denjenigen Kaufleuten nicht zusteht, welche

---

[1]) Cit. Endemann I. S. 280.

[2]) Prot. S. 88.

zu einem Eintrage in das Handelsregister nicht ermächtigt sind, den sog. Minderkaufleuten, wurde bereits gedacht. Eine kritische Betrachtung lehrt indes, dass es den Bedürfnissen des Geschäfts- und Handelsverkehrs nicht entspricht, nur demjenigen Kaufmann, der im Handelsregister eingetragen ist, die Erteilung einer Prokura zu gewähren. Sind ja doch dadurch sowohl diejenigen Handelsleute, die sich überhaupt nicht eintragen liessen, als auch der grosse Handwerker, dessen Geschäftsbetrieb nach seiner ganzen Ausdehnung als Grossbetrieb angesehen werden muss, wie auch ferner der Gutsbesitzer, von dieser Befugnis ausgeschlossen. Zweifellos ist nun aber in den letztgenannten Fällen das Bedürfnis zu einer Prokuraerteilung ebensosehr vorhanden wie bei dem Vollkaufmann. Kann doch z. B. der Gutsbesitzer einen Gutsverwalter, der Gasthofbesitzer einen Geschäftsführer sich halten und besteht in derartigen Fällen für die Beteiligten wie für das Publikum ebenso das Bedürfnis der Prokuraerteilung, wie für die Besitzer grosser Handelsetablissements.

§ 12.

Dass es zur Erteilung der Prokura einer schriftlichen Form nicht bedürfe, hat das Reichs-Oberhandelsgericht[1]) ausgesprochen. Einer Darstellung bedarf an dieser Stelle der Fall der irrtümlichen Registrierung der Bestellung eines nichtbestellten Prokuristen. An die Spitze ist hiebei der Grundsatz zu stellen, dass der im Handelsregister eingetragene Prokurist einer registrierten Firma gutgläubigen Dritten gegenüber stets als Prokurist der Firma gilt. Es ist ja die Eintragung nichts anderes als die Beurkundung einer vor dem Registerrichter abgegebenen Erklärung zu öffentlichem Glauben. Diese Beurkundung setzt aber deshalb die Existenz jener Er-

[1]) R.O.H.G. VII. (13) S. 57.

klärung voraus, wogegen sie deren Nichtexistenz nicht zu ersetzen vermag. Es hat deshalb eine solche Eintragung nur dann die vom Gesetze beigelegten Wirkungen, wenn sie den vorhandenen Erklärungen auch thatsächlich entspricht. Aus diesem Grunde fehlen die genannten Wirkungen, wenn Nichterklärtes als erklärt oder das Erklärte unrichtig beurkundet wird. Die Öffentlichkeit des Registers berechtigt zwar zu der Annahme, dass die eingetragene Erklärung auch wirklich abgegeben sei, jedoch mit der Wirkung, dass derjenige haftbar wird, welcher die thatsächlich vorliegende Erklärung gefälscht oder die nicht vorliegende vertretbarer Weise als vorhanden vorausgesetzt oder missverstanden hat. — Hier folgender Streitfall.[1]) X wurde als Prokurist der Firma A deklariert, aber als Prokurist der Firma B eingetragen. X acceptierte Wechsel unter der Firma B. A, aus dem Wechsel belangt, wurde absolviert.

V. Kollektiv-Prokura.

§ 1.

Eine Kollektiv-Prokura ist dann vorhanden, wenn mehreren Personen gemeinschaftlich Prokura erteilt ist. In diesem Falle ist jede Rechtshandlung und jedes Geschäft an die Mitwirkung aller dieser Prokuristen gebunden und wird nur durch deren übereinstimmende Willenserklärung rechtswirksam. Obgleich es nun nicht in der Absicht des Gesetzes liegt, die Kollektiv-Prokura als eine Beschränkung der Prokura hinzustellen, so enthält sie doch thatsächlich eine Beschränkung derselben, insofern nämlich der Widerspruch eines der Prokuristen jede Thätigkeit der anderen ausschliesst. Die Rechts-

---

[1]) R.O.H.G. XXIII. (93) S. 285 — 287; vgl. auch Fuchsbergers Entscheidungen I. Das Handelsrecht S. 82.

vermutung spricht gegen das Vorhandensein der Kollektiv-Prokura. Über ihre Zulässigkeit vgl. Prot. S. 73, 88, 949.[1]) Hat ein Prinzipal mehreren Personen Kollektiv-Prokura erteilt, so wird er nur durch diejenigen in seinem Namen abgegebenen Willenserklärungen be-

[1]) Beachtenswert ist, was sich in den Prot. S. 949 findet. Es wurde nämlich in der Sitzung vom 7. Oktober 1857 bei Beratschlagung über den Art. 41 auf Anregung eines Herrn Abgeordneten zur Vermeidung von Missverständnissen für den zweiten Absatz einstimmig folgende Fassung angenommen: b) „Die Prokura kann auch mehreren Personen gemeinschaftlich erteilt werden.“ — Von einem Herrn Abgeordneten wurde in Vorschlag gebracht, in Abs. 1 hinter „Prokurist“ in Parenthese zu setzen: „Prokuraträger“ und nach „Handelsgeschäft“ einzuschalten: „sei es an Stelle des Prinzipals oder neben diesem“; dieser Antrag wurde von dem Herrn Antragsteller der Redaktionskommission anheim gegeben. Ein weiteres Mitglied schlug vor, die in Art. 99 rücksichtlich der Gesellschafter angenommene Bestimmung auch hieher zu setzen, da ganz gleiche Gründe hier obzuwalten schienen und die Bestimmungen des Entwurfs über die Rechtsverhältnisse der Gesellschafter mehrfach den Vorschriften über jene der Prokuristen nachgebildet worden seien; demzufolge wurde beantragt, zum Art. 41 folgende Zusätze anzunehmen: c) „Im Falle der Kollektiv-Prokura kann keiner der einzelnen Prokuristen allein Geschäfte vornehmen, es sei denn, dass Gefahr im Verzuge ist. Ist dagegen die Prokura mehreren Personen nicht gemeinschaftlich oder mit der ausdrücklichen Beschränkung übertragen, dass einer nicht ohne den andern handeln dürfe, so kann jeder der Prokuristen alle Handlungen vornehmen, zu denen ihn die Prokura ermächtigt.“ — Von einer anderen Seite wurde folgende Zusatzbestimmung vorgeschlagen: d) „Bei einer Kollektiv-Prokura können, falls nicht Gefahr auf dem Verzuge haftet, die bestellten Prokuristen giltiger Weise nur gemeinschaftlich handeln.“ — Da jedoch die Bestimmung, wie sie in diesem Antrage und in den Worten des Antrags unter c): „es sei denn, dass Gefahr im Verzuge ist“ enthalten ist, für sehr bedenklich befunden ward, wurde der zuletzt genannte Antrag zurückgezogen und die Streichung der eben erwähnten Worte aus dem vorigen Antrag von dem Herrn Antragsteller vorgenommen; indessen wurde die Aufnahme des Antrags unter c) „ungeachtet der berührten Modifikation mit 13 gegen 3 Stimmen gleichfalls abgelehnt.“ (Prot. S. 949—950.)

rechtigt und verpflichtet, welche von mehreren Prokuristen, bezw. von der von ihm bestimmten Anzahl derselben, ausgegangen sind. Bei schriftlichem Geschäftsabschluss besteht die Gemeinschaftserklärung in gemeinschaftlicher Firmenzeichnung; über die Form spricht sich Art. 44 Abs. 2 H.G.B. aus, wonach jeder Kollektiv-Prokurist der Firmenzeichnung einen das Prokuraverhältnis andeutenden Zusatz und seinen Namen beifügt. Es entsteht hiebei ein ähnliches Verhältnis[1]) wie bei der Zeichnung der Firma einer Aktiengesellschaft durch die mehreren Vorstandsmitglieder. Die Art. 44 H.G.B. ausgesprochene Form ist weder für schriftliche Erklärungen als die einzig mögliche anzusehen, noch ist ausgesprochen, dass eine rechtswirksame Erklärung der Kollektiv-Prokuristen nur schriftlich erfolgen könne.[2])

§ 2.

Bei mündlicher Erklärung kommt sowohl das mit einander als das nach einander sich Erklären in Betracht. Das Zusammenwirken kann auch durch konkludente Handlungen erfolgen[3]), so besonders durch nachträgliche Ratihabierung dessen, was der Einzelne gethan hat. Es ergibt sich aus der letzt cit. Entscheidung, dass dem Richter die thatsächlichen Momente, aus welchen die Genehmigung hervorgeht, vorgeführt werden müssen. Die allgemeine Behauptung: die Erklärung sei mit Wissen und Willen der anderen Prokuristen abgegeben, genügt nicht. Ein allgemeiner Auftrag aber des einen Kollektivvertreters an den andern, ihn bei dem Abschluss von Verträgen bestimmter Art zu vertreten, ist ungiltig. Die Kollektiv-Prokura ist andererseits aber nur auf die

---

[1]) Den Kollektiv-Prokuren verwandte Rechtsverhältnisse vgl. in den Art. 86, 100, Abs. 1, 115, 136 H.G.B.

[2]) R.O.H.G. XVII. (94) S. 402; III. (39) S. 183; VI. (87) S. 394; XII. (11) S. 33.

[3]) R.O.H.G. XVII. S. 402.

Stellvertretung im Handeln beschränkt. Die Kenntnis auch nur eines Kollektiv-Prokuristen ist dann genügend, wenn es auf das Wissen oder Nichtwissen einer Thatsache ankommt.

§ 3.

Eine in der Praxis aufgeworfene Frage, ob eine Vertretung eines Prokuristen durch seinen Genossen zulässig sei, der dann mit Wissen und Willen jenes Geschäft allein vornimmt, ist zu verneinen, da eine derartige Ausübung der Kollektiv-Prokura unzulässig ist. Die Entscheidung der Frage, ob eine Kollektiv-Prokura giltig ist, wenn der Prokurist an die Mitzeichnung seines Prinzipals oder eines Vorstandsmitgliedes einer Aktiengesellschaft gebunden sein soll, oder ob nicht vielmehr darin eine unzulässige und rechtlich unwirksame Beschränkung der Prokura gefunden werden muss, findet sich in R.O.H.G.[1]) VIII. (80.) S. 337—341. Das Reichs-Oberhandelsgericht machte hier unter anderem Folgendes geltend: „Dass eine mehreren Personen gemeinschaftlich übertragene Vollmacht, eine Aktiengesellschaft als Prokuristen zu vertreten, dadurch nicht aufhört, Prokura zu sein, dass von den mehreren Personen die eine dem Organismus der Gesellschaft auch in einer anderen Eigenschaft angehört, dass ein Vorstandsmitglied, welches

---

[1]) Genannter Entscheidung liegt folgender Thatbestand zu Grunde: „Der Vorstand der zu Köln unter der Firma „Kölnische Wechsler- und Kommissions-Bank" bestehenden Aktiengesellschaft hat bei dem dortigen Handelsgerichte beantragt, in das Handelsregister eine an zwei Beamte der Gesellschaft mit der Bestimmug erteilte Prokura einzutragen, dass

1) Diese Beamten berechtigt sein sollen, gemeinschaftlich die Gesellschaften als Prokuristen zu vertreten und deren Firma per procura zu zeichnen,
2) Jeder derselben für sich allein zur Mitzeichnung der Firma per procura in Verein mit einem Mitgliede des Vorstandes befugt sei."

dem anderen Prokuristen mitwirkend und mitzeichnend zur Seite gestellt wird, sich, indem es diesen Funktionen sich unterzieht, nur an einem Akte der Prokura-Verwaltung mit den dieser gesetzlich zugewiesenen Befugnissen beteiligt und für diesen Fall aus seiner Stellung als Vorstandsmitglied insofern heraustritt, als es in letzterer statutenmässig für sich allein nicht, sondern nur wieder in Verbindung mit einem anderen Vorstandsmitgliede die Gesellschaft vertritt; dass daher auch durch die im vorliegenden Falle beabsichtigte Kombination keineswegs eine neue Form für die Wirksamkeit des Vorstandes der Gesellschaft, vielmehr im eigentlichen Sinne eine Prokura geschaffen wird und nach dieser Voraussetzung über die rechtliche Natur der von derselben ausgehenden Akte ein Zweifel nicht vorhanden ist; dass diesem nach die Gründe, aus welchen der Appell.-Ger.-Hof die beantragte Eintragung als unzulässig ablehnen zu müssen geglaubt hat, seine Entscheidung zu tragen nicht vermögen, er mit derselben vielmehr die Vorschriften der Art. 43, 44, 45, sowie Art. 225, 225a, 227, 229, 230, 231, 234 des H.G.B. durch unrichtige Anwendung verletzt hat." . . . Die genannte Entscheidung muss indes als bedenklich und zweifelhaft erscheinen, weil darin eine Beschränkung der Prokura enthalten ist, die gemäss Art. 43 H.G.B. unzulässig und dritten Personen gegenüber ohne rechtliche Wirkung ist.

§ 4.

Die Kollektiv-Prokura findet sich im geschäftlichen Leben häufig. Ihre Hauptbedeutung liegt in der Gewähr eines erheblichen Schutzes[1]) des Prinzipals gegenüber

[1]) Eine Analogie hiezu findet sich in dem sogen. Gegenvormunde, wie ihn z. B. das französische Recht kennt (vgl. Art. 420 bis 426 Code civil).

einem Vollmachtsmissbrauch der Prokuristen. Bei dem einzelnen Prokuristen ist eine Verleitung zu solchem Missbrauch leicht denkbar. Dass hingegen mehrere Prokuristen sich zu gemeinsamem treulosen[1]) Handeln gegen den Prinzipal verbinden sollten, erscheint wenig wahrscheinlich.

VI. Pseudo-Prokura.[2])

§ 1.

Das vollmachtlose Handeln für Andere, das Handeln des falschen Bevollmächtigten, des falsus procurator, ist ausser der Möglichkeit einer hinzutretenden Ratihabition insofern von Bedeutung, als es eine Haftung des falsus procurator dritten Personen gegenüber begründet. Die auf den falsus procurator sich beziehenden Rechtssätze finden sich in Art. 55 H.G.B. Der Inhalt dieses Artikels hat ausschliesslich die Fälle zum Gegenstande, dass jemand als Prokurist und nach Art. 298[3]) allgemein als Bevollmächtigter Rechtsgeschäfte abschliesst, d. h. im Namen eines angeblichen Geschäftsherrn, ohne je-

---

[1]) Vgl. Cosack, Lehrbuch des Handelsrechts S. 76—81.

[2]) Vgl. Cit. Endemann I. S. 301—309; Behrend, § 51. Prot. S. 93, 959.

[3]) Der Artikel regelt einzelne Rechtsbeziehungen bei der Vollmacht zu Handelsgeschäften. Während die Art. 47 flg. im speziellen mit den Vollmachten eines Kaufmanns zu Handlungen, welche in den Betrieb seines Handelsgewerbes fallen, sich befassen, handelt der vorliegende Artikel ganz allgemein von der Vollmacht zu Handelsgeschäften. Es ist hierbei gleichgiltig, ob der Machtgeber Kaufmann ist oder nicht; gleichgiltig, welche Stellung der Bevollmächtigte hat; insbesondere soll der selbständige Kaufmann als Mandatar damit getroffen sein; gleichgiltig endlich, auf wessen Seite ein Handelsgeschäft vorliegt, ob auf des Mandanten oder des Mandatars oder des Dritten. Der Bote überbringt nur die Erklärung; der Bevollmächtigte gibt sie Namens des Prinzipals ab. (R.O.H.G. IX. S. 385.)

doch wirklich Vollmacht erhalten zu haben, bezw. für das in Rede stehende Geschäft mit Vollmacht versehen zu sein. Das Geschäft ist in diesem Falle von beiden Kontrahenten für den Geschäftsherrn abgeschlossen und die Rechtswirkung für denselben beabsichtigt. In der Person des Geschäftsherrn gelangen jedoch weder Rechte noch Verbindlichkeiten zu rechtlicher Wirksamkeit, weil die Grundlage für dieselben, die Vollmacht oder Genehmigung nicht vorhanden ist.

§ 2.

Abs. 1 Art. 55 H.G.B. regelt den Hauptfall, während Abs. 2 sich mit dem Ausnahmefall beschäftigt, dass dem Dritten der Mangel der Vollmacht bekannt war. Die persönliche Haftung nach Handelsrecht, die in den Fällen des Art. 55 H.G.B. stattfindet, knüpft an eine im bürgerlichen Rechte[1]) bereits vorhandene Entwicklung an und ist deswegen ausgesprochen, weil es die Absicht der Parteien war, ein den Bestimmungen des Handelsrechtes unterworfenes Geschäft zwischen dem Prinzipal und dem dritten Kontrahenten zu stande zu bringen. Es entspricht den Forderungen der Billigkeit, ein Geschäft nach Handelsrecht zu beurteilen, da ja anderenfalls die ganze Natur des Geschäftes geändert würde, wenn nunmehr ein ganz anderes Recht Anwendung fände, als das, welches die Parteien bei dem

---

[1]) Das preuss. A.L.R. I. § 9, 96, 128, 171 gewährt einen Anspruch auf Schadloshaltung gegen den Pseudoprokuristen. Dernburg II. S. 34 verlangt dabei ohne Grund das Erfordernis eines schuldvollen Verhaltens seitens des falsus procurator. — Für das österr. Recht verteidigt Hasenöhrl: Österr. Obligationen Recht I. S. 388 den Labandschen Standpunkt — eine Theorie, die die culpa in contrahendo zum Ausgangspunkte nimmt und zu Konsequenzen führt, die nicht im Sinne des Art. 55 H.G.B. liegen. Den gleichen Standpunkt, wie das H.G.B. nimmt das sächsische Gesetzbuch ein und, wie es scheint, auch das franz. Recht (Zachariä, 6. Aufl. (Puchelt) II. § 415 S. 635 f.).

Geschäftsabschlusse im Auge gehabt haben. Aus der Haftung nach Handelsrecht folgt, dass eine Handelssache (nach Art. 1 H.G.B.) vorliegen muss, und dass der Schadenersatz immer auch in entgangenem Gewinn besteht. Es ergibt sich weiter, dass eine Haftung des falschen Prokuristen nicht deswegen fortfallen kann, weil die nach Civilrecht erforderlichen Formen, wie z. B. schriftliche Vertragsform, nach Handelsrecht nicht erforderlich sind. Klagen auf Grund dieser Haftung sind durch § 101 Ziff. 3 G.V.G. auch prozessualisch für Handelssachen erklärt worden. Die Vorraussetzungen einer Haftung bestehen darin, dass der Prokurist keine Vollmacht hatte. Es kann gegen den Pseudoprokurist sofort eine Klage erhoben werden. Als Klagfundament ist lediglich der Mangel[1]) der Vollmacht zu beweisen. Will der Beklagte eine Verurteilung abwenden, so muss er sich auf die Erteilung[2]) der Vollmacht berufen. Gelingt ihm bei Widerspruch der Beweis der Existenz der Vollmacht, so entbehrt eine Haftung aus Art. 55 H.G.B. jeder Begründung. Ist dem Beklagten jedoch dieser Beweis nicht gelungen, so muss er den klagenden Dritten befriedigen, und es muss dem Beklagten dann überlassen werden, mit der actio mandati contraria[3]) den vermeintlichen Auftraggeber in Anspruch zu nehmen, wenn er diesem gegenüber den im Prozesse gegen den dritten Kontrahenten misslungenen Beweis des Mandates noch führen zu können glaubt. — Eine Voraussetzung für

---

[1]) R.G. XVIII. S. 158.

[2]) Die rechtliche Wirkung, dass der Prinzipal direkt verpflichtet wird und der Pseudoprokurist ausser jeder Verbindlichkeit steht, tritt nur dann ein, wenn die behauptete Vollmacht in Wahrheit erteilt war. Ist diese Voraussetzung jedoch nicht vorhanden, so haftet der falsche Bevollmächtigte als Kontrahent dem Dritten gegenüber. Der Dritte hat die Wahl (R.G. VI. (60) S. 214 — 217), ob er den falsus procurator auf Erfüllung oder auf Entschädigung in Anspruch nehmen will.

[3]) R.O.H.G. XXII. (7) S. 33, 34.

die Haftung des Pseudoprokuristen ist ferner, dass er sich als Prokurist ausgegeben hat. Stellt er die Vollmacht als zweifelhaft hin, so ist kein Vertrag zu Stande gekommen, allenfalls ein durch die einzuholende Genehmigung des Prinzipals bedingter. Ein schuldvolles Verhalten des falschen Prokuristen gehört dagegen nicht zu den Voraussetzungen der Haftung. Bona fides beim Geschäftsabschlusse, sowie entschuldbarer Irrtum [1]) über Existenz und Umfang der Prokura vermögen eine Haftung nicht auszuschliessen. Eine selbstverständliche Voraussetzung für die Haftung des falschen Prokuristen ist dessen Verpflichtungsfähigkeit. Zur Begründung des Anspruches aus Art. 55 H.G.B. ist weiter erforderlich, dass Handelsgeschäfte in Frage stehen.

§ 3.

Der Dritte hat Wahl auf Schadenersatz oder auf Erfüllung.[2]) Die Wahl des Dritten hat die Bedeutung, dass nicht etwa der Pseudoprokurist durch Anbieten der

---

[1]) Entgegengesetzter Meinung ist Laband, Zeitschrift für das gesamte Handelsrecht X. S. 235.

[2]) Bei Eingehung von Wechselverbindlichkeiten kommt Art. 55 H.G.B. nicht zur Anwendung, da einerseits an den Bestimmungen der deutschen Wechsel-Ordnung durch das deutsche H.G.B. nichts geändert wird, andererseits aber auch das Eingehen einer Wechselverbindlichkeit als solches kein Handelsgeschäft ist. Der allgemein lautende Art. 95 W.O. geht eben über den Kreis der Handelsgeschäfte hinaus; denn es heisst daselbst ohne jede Einschränkung: „Wer eine Wechselerklärung als Bevollmächtigter eines Anderen unterzeichnet, ohne dazu Vollmacht zu haben, haftet persönlich in gleicher Weise, wie der angebliche Machtgeber gehaftet haben würde, wenn die Vollmacht erteilt gewesen wäre. Dasselbe gilt von Vormündern und anderen Vertretern, welche mit Überschreitung ihrer Befugnisse Wechselerklärungen ausstellen". Wechselrecht und Handelsrecht haben also insoweit völlig gleiche Vorschriften. Wo die Wechselerklärung zugleich ein Handelsgeschäft ist, konkurrieren beide Artikel mit einander.

Erfüllung die Gegenleistung erzwingen kann. Der Dritte kann nur eines[1]) geltend machen, nicht beide Alternativen, und ist, wenn er Erfüllung gewählt hat und der falsche Prokurist sie anbietet, an diese Wahl auch gebunden, so zwar, dass nun auch der Prokurist den Vertrag einklagen kann. Die Erfüllung muss der falsche Prokurist in demselben Umfange leisten, in welchem der Prinzipal dazu verpflichtet wäre[2]), wenn er Prokuravollmacht erteilt hätte. — Sachliche Einreden, die der Prinzipal hätte geltend machen können, z. B. die Einrede der Fehlerhaftigkeit[3]) der Ware, kann der falsus procurator vorschützen, jedoch überall nur solche, die nach Handelsrecht begründet sind. Einwendungen aus seiner Person, z. B. den Einwand der Minderjährigkeit, kann der Pseudoprokurist daneben erheben.

§ 4.

Obwohl nun der Dritte freie Wahl zwischen Erfüllung des Geschäftes und Schadenersatz hat, so ist doch die Alternative der Schadenersatzforderung hypothetischer Natur. Sie ist vom Eintritt eines Schadens abhängig, und deshalb beschränkt sich oft das Recht des Dritten oder kann sich wenigstens auf die Erfüllungsforderung beschränken. Aber nicht jedes unerfüllt bleibende Geschäft bewirkt einen Vermögensnachteil. Selbst wenn man eine Ausdehnung des Schadenersatzes auf den entgangenen Gewinn zulässt, so ist eben doch nicht jedes Geschäft gewinnbringend und also auch nicht immer ein vorhandener Nachweis

---

[1]) R.O.H. XI. S. 356.

[2]) R.O.H.G. XI. S. 359, „Berufung auf kurze Verjährung steht dem falsus procurator nicht zu, wenn sie dem Prinzipal, falls die Vollmacht erteilt wäre, versagt sein würde. Vgl. Behrend § 51 S. 359.

[3]) Cit. Entscheid. des R.O.H.G. S. 358.

des lucrum cessans zu erbringen. So ist das eine Recht nur kraft besonderer[1]) Voraussetzung zu gebrauchen, und Existenz wie Nachweis eines Schadens bedingen den Gebrauch desselben. Der Schadenersatz des Art. 55 H.G.B. ist Ersatz des Schadens, der dem Dritten dadurch entsteht, dass der Vertrag mit dem Geschäftsherrn nicht zu stande gekommen ist und eine Erfüllung aus dem Vertrage daher nicht stattfinden kann. Bezüglich der Frage, ob Erfüllung neben Schadenersatz zulässig sei, ist Behrend[2]) folgender Meinung: „Die Erfüllung ist ein Surrogat des Schadenersatzes“ (Laband); sie kann ohne den Nachweis einer Vermögensbeschädigung gefordert werden, schliesst aber einen etwaigen weitergehenden Ersatzanspruch nicht aus. Und zwar kann Erfüllung nebst Schadenersatz vom falsus procurator nicht nur dann verlangt werden, wenn dies dem Machtgeber gegenüber, falls er Vollmacht erteilt hatte, zulässig sein würde, z. B. auf Grund von Art. 354, 355, sondern auch dann, wenn das Vorgeben des falsus procurator, bevollmächtigt zu sein, die Beschädigung des Dritten veranlasst hat.“

Das Richtige ist wohl, dass neben der Erfüllung Schadenersatz nur dann gefordert werden kann, wenn schuldhaftes Verhalten des falsus procurator vorliegt.

Bezüglich der Frage, welche Wirkung die Erfüllungsforderung habe, darf wohl die Meinung als die richtige angesehen werden, wonach der Drittkontrahent, da die Erfüllungsforderung nur sein Recht ist, zunächst nur berechtigt, nicht auch verpflichtet ist, den Vertrag zu erfüllen. Somit ist die Lage des sogenannten negotium claudicans gegeben: Contractus ex uno latere constat. Das Begehren[3]) der Erfüllung setzt aber das eigene

---

[1]) S. Endemann, § 73 S. 307.

[2]) S. Behrend, S. 359 Anm. 10 zu § 51.

[3]) Endemann, S. 308.

Anbieten und Erfüllen der Gegenleistung voraus, resp. bringt es mit sich. Zweifellos ist die Ansicht zu weitgehend[1]), welche dem angeblichen Bevollmächtigten auf Grund der gegnerischen Erklärung, die Erfüllung begehren zu wollen, sogar ein eigenes Klagerecht beilegt. Ist ja doch durch jene Erklärung das Geschäft keineswegs zu einem beiderseits voll verpflichtenden geworden.

§ 5.

In Ansehung der die Haftung des Pseudoprokuristen ausschliessenden Fälle sei hier zunächst erwähnt, dass eine Kenntnis des Dritten von dem Mangel der Vollmacht die Haftung ausschliesst. Ohne Einfluss ist hiebei, ob der Pseudoprokurist den Mangel[2]) seiner Vollmacht kannte oder nicht. Die Kenntnis des Vollmachtsmangels aber als Klagfundament muss dem Dritten bewiesen[3]) werden. Es genügt aber hierzu nicht der Nachweis, dass der Dritte den Mangel habe kennen müssen. Soweit sich vielmehr der Vertreter als Bevollmächtigter geriert, hat der Dritte die Berechtigung, ihm gegenüber die Existenz einer Vollmacht als Thatsache anzunehmen. Die Erkundigungspflicht kommt nur für das Verhältnis gegenüber dem Geschäftsherrn in Betracht. — Ein weiterer Fall, der die Haftung des Pseudoprokuristen ausschliesst, ist die Ratihabition oder nachträgliche Genehmigung. Es fallen also, wenn der Prinzipal das Geschäft genehmigt und dadurch den

---

[1]) S. v. Hahn, Kommentar, 3. Aufl. S. 216.

[2]) Eine bewusste Täuschung oder eine Fahrlässigkeit bei Prüfung der eigenen Vertretungsbefugnis seitens des angeblichen Bevollmächtigten ist nicht erforderlich; es haftet auch derjenige, der sich über Existenz oder Umfang der ihm zustehenden Vollmacht in entschuldbarem Irrtum befindet (vgl. Behrend § 51 S. 357 f.).

[3]) R.O.H.G. XVII. S. 176.

Anspruch auf Erfüllung gegen sich begründet, sowohl der Anspruch auf Erfüllung wie auch der Anspruch auf Schadenersatz wegen Nichterfüllung fort. Die Ratihabition vermag übrigens dann eine Haftungspflicht des Pseudoprokuristen nicht auszuschliessen, wenn durch ein schuldhaftes[1]) Verhalten desselben noch ein weiterer Schaden entstanden ist. Das H.G.B. enthält über die Ratihabition keine Bestimmungen. Aus allgemeinen Rechtsgrundsätzen ist jedoch zu folgern: a) Die nachträgliche Genehmigung steht dem Prinzipal als ein Recht zu; b) eine Form für die Ratihabition ist nicht vorgeschrieben; c) die Genehmigung muss unbedingt und unbeschränkt erfolgen.

VII. Aufhebung der Prokura.

§ 1.

Abweichend von allen sonstigen Vollmachten ist die Prokura jederzeit widerruflich. Die Widerruflichkeit ist charakteristisch für die Mandatseigenschaft der Prokura. Es folgt aus der juristischen Natur des Mandates, dass beiderseits freies Rücktrittsrecht[2]) besteht. Ist ein Prokurist auf feste Zeit angenommen worden, so hat er damit keineswegs ein unentziehbares Recht zu seiner in der Prokura enthaltenen Vollmacht erlangt. Eine Beschränkung der Prokura hinsichtlich ihrer Dauer

---

[1]) Ein Repräsentant dieser Meinung ist Behrend — Lehrbuch des Handelsrechts § 51 Anm. 17 — wenn er sagt: „Ratihabition des Vertretenen beseitigt jeden Anspruch gegen den falsus procurator, soweit der Anspruch gegen den falsus procurator durch den in Folge der Ratihabition dem Vertreter gegenüber begründeten Anspruch gedeckt wird. Also auch bei vollständiger Ratihabition nicht ganz, falls durch das Verhalten des falsus procurator ein weiter gehender Schaden erwachsen ist."

[2]) R.O.H.G. XIII. (75) S. 221; XVI. (48) S. 171.

auf die Lebenszeit des Prinzipals ist unzulässig; eine derartige Beschränkung der Prokura gilt eben gemäss der strikten Interpretation des Art. 43 Abs. 2 pro non scripta. Anders verhält es sich hingegen mit der einer Handlungsvollmacht beigefügten Beschränkung (Art. 297 H.G.B.); dieselbe wirkt dann wie jede andere einer Vollmacht beigefügte Zeitbeschränkung; tritt der Tod des Prinzipals ein, so erlischt alsdann die Vollmacht nicht in Folge dieses Ereignisses, sondern in Folge des vom Prinzipal bereits früher erklärten Willens[1]), des festgesetzten termini ad quem. — Ein Verzicht auf das freie Widerrufsrecht des Prinzipals ist ungiltig[2]), bindet mithin den Prinzipal in keiner Weise. Ein Klagerecht auf Erteilung der Prokura lässt die Widerruflichkeit der letzteren nicht zu. Eine Entscheidung[3]) des Reichs-Oberhandelsgerichts vom 30. März 1872 spricht sich über diese Frage unter anderen folgendermassen aus: „Dass die Prokura die Ermächtigung enthält, den Erteiler derselben nach aussen hin, Dritten gegenüber, zu vertreten; dass sie ihrer Natur nach dem Prokuristen ein Recht auf die Vertretung nicht gewährt, sie daher auch zu jeder Zeit widerrufen werden kann; dass sie unabhängig von jedem Dienstverhältnisse erteilt werden, mit einem solchen aber auch in Verbindung stehen kann; dass dies letztere Verhältnis dann besondere Rechte und Verbindlichkeiten erzeugt, die durch den Widerruf der Vollmacht zur Vertretung nach aussen hin nicht berührt werden, was der Art. 54 des H.G.B. mit dem Ausdrucke bezeichnet, dass der Widerruf der Prokura „unbeschadet der Rechte aus dem bestehenden Dienstverhältnisse“ erfolgen könne“. — Ein Klagerecht wegen Bruchs eines geschlossenen Dienstvertrages ist den Umständen nach wohl denkbar.

[1]) Vgl. Makower, Anm. 23b zu Art. 54 S. 72.
[2]) R.O.H.G. XXIII. S. 326; R.G. III. S. 186.
[3]) R.O.H. V. (77) S. 349.

§ 2.

Die Frage nach der Giltigkeit des Verzichts auf das Widerrufsrecht nimmt eine andere Gestaltung an, wenn kein reines Mandatsverhältnis vorliegt, in der Vollmacht sich vielmehr ein anderer Vertrag verbirgt oder die Vollmacht den Bestandteil eines anderen Vertrages bildet. In einem solchen Falle muss die Frage nach der Giltigkeit des Verzichts auf das freie Widerrufsrecht und eventuell nach den Rechtswirkungen, die ein solcher auf das betreffende Rechtsverhältnis ausübt, nach der konkreten[1]) Sach- und Rechtslage entschieden werden. — Ein Vertrag, wodurch der eine Kontrahent den anderen als Prokuristen engagiert, kann angefochten werden, wenn der Engagierte dem Prinzipal betrüglich[2]) verheimlicht hat, dass er sich in zerrütteten Vermögens-

---

[1]) R.O.H.G. XXIII. (109) S. 324 — 329; vgl. auch R.G. II. (10) S. 33 — 35.

[2]) Es ist allerdings nicht unter allen Umständen ein Betrug, wenn ein Kontrahent es unterlässt, unaufgefordert dem anderen Kontrahenten vor dem Vertragsabschlusse über seine Vermögensverhältnisse Auskunft zu geben. Wenn aber der Vertragsabschluss ein bedeutendes Vertrauen des Prinzipals zu der Solidität des Prokuristen bedingte und dem letzteren nicht zweifelhaft sein konnte, dass der Prinzipal sich darüber vergewissern musste und wollte, dass er sich durch den Vertragsabschluss mit ihm keinen Vermögensverlusten aussetzte, so darf der Prokurist dem Prinzipal seine bedenkliche Vermögenslage ohne Verletzung von Treu und Glauben nicht verheimlichen, oder ihn gar geflissentlich verhindern, von seiner (des Prokuristen) Vermögenslage sich Kenntnis zu verschaffen. Ist dann der Irrtum, in welchen der Prokurist den Prinzipal versetzt hat, ursächlich für den Vertragsabschluss gewesen, und würde der Prinzipal bei Kenntnis der Verhältnisse des Prokuristen den Vertrag nicht abgeschlossen haben, so sind die Erfordernisse des dolus causam dans, dass der Prokurist einen Irrtum des Prinzipals wissentlich und vorsätzlich veranlasst hat, und dass dadurch die Willenserklärung des Prinzipals veranlasst ist, gegeben, und ist daher der Vertrag für den Prinzipal unverbindlich (vgl. Fuchsbergers Entscheidungen I. Das Handelsrecht S. 415—416).

verhältnissen befindet. — Der Widerruf der Prokura hebt Rechte aus bestehenden Verträgen an sich nicht auf. Nicht notwendig ist, dass diese Verträge gerade Dienstverträge sind, wenn auch das Gesetz dieselben als regelmässig vorkommend besonders hervorhebt.

§ 3.

Die Prokura überdauert den Tod des Prinzipals. Diese Thatsache stellt sich als eine handelsrechtliche Ausnahme-Vorschrift dar und ist die Folge des strikten Wortlautes des Art. 54 Abs. 2 H.G.B.: „Der Tod des Prinzipals hat das Erlöschen der Prokura nicht zur Folge“. Der Artikel hat eben absolute Geltung und kann durch private Willkür nicht dahin geändert werden, dass der Tod des Prinzipals dennoch ipso iure das Prokuraverhältnis lösen solle. Die Vorschriften des Art. 54 H.G.B. finden übrigens auf den Handlungsbevollmächtigten keine Anwendung. — Dass der Tod[1])

[1]) In Ansehung der rechtlichen Stellung des Prokuristen gegenüber dem Geschäftsherrn findet sich in einer Entscheidung des Reichs-Oberhandelsgerichts ein Streitfall zwischen einem Prinzipal und dem Erben eines Prokuristen, welchem die Leitung eines Zweiggeschäftes übertragen war, über Rechnungslegung. Die genannte Entscheidung des Reichs-Oberhandelsgerichtes (R.O.H.G. VIII. (25) vom 27. November 1872 hebt unter anderm folgendes hervor: „Der Prokurist ist nicht verpflichtet, dem Geschäftsherrn die Faktura-Preise der von diesem in das Geschäft gelieferten Waren zu bezahlen oder zu verzinsen. An sich ist der Prokurist nur verpflichtet, die Waren, soweit sie unverkauft bleiben, in Natur zurückzugeben und nur die wirklichen Erlöse der verkauften Waren in der Rechnung in Einnahme zu stellen. Ein etwaiger Verlust trifft nicht den Prokuristen, sofern diesem nicht ein vertretbares Versehen zur Last fällt, sondern den Geschäftsherrn .... Der Anspruch der Kläger auf eine Provision ist allerdings (nach dem Vertrage vom 26. September 1861) begründet. Ebenso zweifellos ist aber auch, dass Kläger diesen vertragsmässigen Anspruch nur unter der Voraussetzung geltend machen könne, dass sie selbst ihren vertragsmässigen Pflichten nachgekommen sind, resp. nach-

des Prokuristen das Prokuraverhältnis löst, bedarf keiner weiteren Erörterung.

§ 4.

Das Erlöschen der Prokura ist vom Prinzipal zur Eintragung in das Handelsregister anzumelden (Art. 45 H.G.B.). Die Bestimmungen des Art. 25 H.G.B., welche von einer Änderung in den Rechtsverhältnissen einer eingetragenen Firma handeln, haben auf die erfolgte und unterbliebene Registrierung des Erlöschens der Prokura analoge Anwendung gefunden. Die Anmeldung des

---

kommen. Zu diesen vertragsmässigen Pflichten der Kläger gehört auch die Rechnungsstellung. Kläger könne ohne Rechnungsstellung auch keine Provision fordern. Sie können den Provisionsanspruch nicht für sich allein, aus dem zusammenhängenden Rechtsverhältnisse herausgerissen, geltend machen; vielmehr ist die Provision als Ausgabeposten in der Rechnung aufzuführen. Der Anspruch der Kläger ist nur auf Schluss-Resultat dieser Rechnung zu gründen.“ . . . Der Prokurist einer Zweigniederlassung kann also nicht von seinem Geschäftsherrn durch eine Klage genötigt werden, die Faktura-Preise der von diesem in das Geschäft gelieferten Waren zu bezahlen oder zu verzinsen. Dagegen kann der Prinzipal durch Klage erwirken, dass der Prokurist die Waren, soweit sie unverkauft bleiben, in Natur zurückgibt und nur die wirklichen Erlöse in der Rechnug in Einnahme stellt. Dem Prokuristen steht eine Klage zur Verfolgung seines Anspruches auf Provision gegen den Prinzipal zu, wenn er seiner Pflicht der Rechnungsstellung nachkommt. Umgekehrt hat aber auch der Prinzipal ein Klagerecht auf Rechnungsstellung. Der Prokurist einer Kommanditgesellschaft auf Aktien, welcher zur Vertretung derselben auch den Kommanditisten gegenüber befugt ist, welcher das alter ego des Prinzipals, hier der Gesellschaft, und als solcher zu allen Rechtshandlungen ermächtigt ist, welche der Betrieb irgend eines Handelsgewerbes mit sich bringt, zu welchen Rechtshandlungen bei einer Kommanditgesellschaft zweifellos auch die Einziehung der von den Kommanditisten zu machenden Vermögenseinlagen seitens der persönlich haftenden Gesellschafter gehört, kann alle diese Rechte im Wege der Klage (R.O.H.G. IX. (22) S. 68 -- 71; VII. (108) S. 412 geltend machen.

Erlöschens ist Sache des Prinzipals. Man wird aber dem Prokuristen in Anbetracht der Wirkungen des Art. 56 H.G.B., wie auch überhaupt, das Recht nicht versagen können, zumal in den Fällen eigener Kündigung, die zur Anmeldung nötigen und erfolgreichen Schritte zu unternehmen, sei es durch Anträge bei Gericht, sei es auch durch Erhebung einer Klage gegen den Prinzipal. So lange die Thatsache des Erlöschens der Firma noch keine Eintragung in das Handelsregister gefunden hat, kann der Prinzipal die Erfüllung von Ansprüchen, welche gegen ihn aus den Geschäften des früheren Prokuristen geltend gemacht werden, nur dann ablehnen, wenn er im Stande ist, den Nachweis zu führen, dass dem dritten Kontrahenten die Aufhebung der Prokura schon zur Zeit des fraglichen Geschäftsabschlusses bekannt gewesen sei (Art. 46 H.G.B.). Dieser Satz folgt unmittelbar aus der durch das Handelsregister und die Bekanntmachung der Einträge beabsichtigten Publizität.[1]) Umgekehrt ist aber auch Art. 46 Abs. 2 H.G.B. anwendbar, wonach ein Dritter das Erlöschen der Prokura gegen sich gelten lassen muss, wenn die Eintragung und Bekanntmachung geschehen ist. Dieser Satz erleidet jedoch nicht unter allen Umständen Anwendung, indem nämlich der genannte Artikel die Möglichkeit eines entschuldbaren Irrtums zulässt, da die Umstände die Annahme begründen können, dass der Dritte das Erlöschen beim Abschlusse des Geschäftes weder gekannt habe noch habe kennen müssen. Die in dem Gesetze enthaltenen Worte: „noch habe kennen müssen“ weisen unbedingt darauf

---

[1]) Das Publikum, welchem in solcher Weise bestimmte Verhältnisse mitgeteilt werden, darf dieselben so lange als fortbestehend annehmen, bis eine Änderung in gleicher Weise bekannt gemacht ist, und es besteht keine Erkundigungspflicht in Ansehung des Fortbestandes als lediglich beim Register und den Veröffentlichungen aus demselben (Endemann I. § 71 S. 286).

hin, dass dem Dritten aus seinem Nichtwissen kein Vorwurf gemacht werden dürfe.

§ 5.

Durch Einstellung des Geschäftsbetriebes, für welchen die Vollmacht erteilt ist, erlischt jedenfalls die Handlungsvollmacht[1]), nicht aber schon durch Löschung der Firma, und, was die Prokura betrifft, so erlischt das Handelsgewerbe nicht durch Löschung der Prokura, wohl aber durch Löschung der Firma. Aus dem Erlöschen der Firma folgt auch das der Prokura. — Die Bestimmungen des Art. 46 H.G.B. beziehen sich auch auf nicht eingetragene Prokuren. Soll deren Erlöschen dem Dritten gegenüber gelten, so müssen sie zunächst eingetragen, alsdann wieder gelöscht[2]) werden.

---

[1]) S. Behrend § 49 Anm. 26; R.G. XII. S. 11.
[2]) Vgl. Staub zu Art. 46 S. 67

FSC
www.fsc.org
MIX
Papier | Fördert gute Waldnutzung
FSC® C083411

Kolibri 360 GmbH
Ferdinand-Jühlke-Straße 7
99095 Erfurt, Deutschland
produktsicherheit@kolibri360.de